與其爲孩子披荊斬棘，不如教會他

生存能力

啟蒙教育、
小天才計畫、花式才藝班……
整天望子成龍，小心龍會變成蟲！

如果家長只是一味打斷孩子的發言，
消失的不僅僅是孩子聲音，還有親密的親子關係

小孩子懂什麼！我做的決定對他來說是命中注定！
他的日記就是我的望遠鏡，這是關心不是犯法！
絕對不可以輸在起跑點！天才計畫必須從小開始！
難不成我會害他？我做的所有一切都是爲了他好！

孫桂菲，欣悅 編著

目 錄

目錄

第三章　別急著幫孩子「定型」

第四章　以成長的眼光看待孩子

第五章　恨鐵不成鋼讓孩子更厭學

目錄 ━━━━━━━━━━━━━━━━

第八章　替「問題」孩子鬆綁

目錄 ————————————————————

前言

一位年輕的父親抱著一個小男孩，走到一處多級階梯下面。父親放下孩子，想休息一會兒。男孩好奇地順著階梯向上爬，每爬一級都很費力，喘了老半天。父親看著孩子爬了兩級，就受不了了，抱起孩子幾步就走到了最高處。孩子又哭又鬧，父親一臉茫然，罵道：「臭小子，你不是要上去嗎？我把你抱上來，你哭什麼？」

一位老人走過去，對那位父親說：「你把孩子抱下去，讓他重新爬，他就不哭了。」

父親一臉懷疑的表情，但孩子還在哭，他只好照做。當他把孩子抱到階梯下面時，孩子馬上止住了哭聲，重新開始爬階梯。這位年輕的父親很奇怪，問老人：「為什麼會這樣？」

是啊，為什麼會這樣呢？明明是我在幫助你、呵護你，你卻不領情……

其實，每個人都需要自己的一塊空間。在這個空間裡，我們可以自由呼吸、成長、學習，甚至剛學步、還不會說話的小孩子也不例外。他（她）們經常會推開生怕自己摔倒、亦步亦趨保護自己的家長，顫顫巍巍蹣跚前行。非常遺憾的是，很多家長並沒有意識到孩子的這個需求，他們習慣幫助、呵護或者管教自己的孩子。

對家庭大事，孩子沒有參與的權利；對孩子自己的事，孩子還是沒有決定權。孩子一切都只能聽從，沒有平等可言。如此剝奪孩子的參與和體驗，對孩子不但沒有幫助，還可能會引起孩子的叛逆心理。更有甚者，孩子可能會因為家長的「霸道」迷失自我。

前言

　　教育專家早就指出，孩子的成長和發展需要有一個寬鬆的、開放的、積極的環境。家長應遵循孩子的天性，不能任意抹殺孩子的創造欲望和玩樂心態，要給予孩子自由空間，讓其自由自在舒展與發展。

　　只有給了孩子自由的空間，孩子才會懂得如何自立、如何為人處世，並學會尋求解決問題的辦法。同樣，給孩子自由的空間，實際上就是給孩子獨立思考的時間；給孩子自由的空間，實際上就是給孩子激發創造力的時間。

　　所以，身為家長，不妨「懶惰」一些 —— 給孩子少一些關心，對孩子少一些干涉，甚至藏起一半的愛。這樣，孩子才會更健康、更快樂成長。

　　噓，別侵犯孩子的領地，孩子需要擁有一塊屬於自己的領地！

第一章　愛孩子從解放孩子開始

　　家長雖然給了孩子生命，養育了孩子，但這並不代表孩子是家長的附屬品。每個孩子都是一個獨立的個體，他們有自己的思想、人格和尊嚴，他們的人格、尊嚴受法律法規的保護，而不是被家長所主宰。這個道理，相信很多家長都明白。可是，在現實生活中，家長總是不顧孩子的感受，強迫他們去做不喜歡的事情，這是十分不明智的做法。相反，家長不但不應強迫孩子去做他們不願意做的事情，還應該尊重孩子，在尊重的基礎上理性愛孩子，讓孩子成為他自己。

　　每一個家長都期盼孩子成功、成材，而這一願望實現的首要條件，就是要把孩子解放開來，讓孩子自由自主生活、學習，只有這樣，孩子才會健康成長。

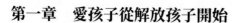

沒有尊重就沒有教育

許多家長以為，只要出發點是愛，對孩子採取什麼樣的教育都可以。而實際上，愛的前提是尊重，沒有尊重就沒有真正的教育，甚至會傷害孩子。尊重生命是一切教育的核心理念。只有尊重生命，才能理解生命的巨大潛能和複雜的差異性，也才會有科學的教育。

日本作家池田大作說過：「尊重孩子的人格，孩子便學會尊重他人。」在家裡，家長要從小就把孩子當成獨立的社會人來教養。這樣培養出的孩子，走上社會就能夠成為獨立的社會人。

一名女孩 3 歲半時，媽媽想讓她學鋼琴，並花幾萬元買了一架鋼琴。但女兒只在才藝班上了一節課便說：「媽媽，我不想學鋼琴了。」媽媽當時雖然很氣憤，但還是耐心問她想學什麼，女兒說想學畫畫。於是，媽媽讓她開始學畫畫。

讀 6 年級時，女兒迷上了電腦遊戲，媽媽感到很苦惱。有一次，媽媽檢查書包，發現女兒在作業本上寫小說，已有一萬多字了。「土地上不種莊稼，就會長雜草。」於是，媽媽告訴女兒：電腦不僅可以玩遊戲，還可以寫小說，不懂的還可以上網查資料，媽媽相信你能寫出優美的作品來。沒想到，就因為這句話，女兒堅持寫作了好多年。

中考前，女兒想參加「動漫展」。媽媽剛開始沒答應，擔心影響課業。但女兒告訴媽媽：「您不讓我參加，我沒辦法靜下心學習。」於是，媽媽答應了。結果，後面的期末考，甘麗姬考了全年級第一名。而國中會考時，她更以全市第 9 名的成績，考入不錯的高中。

教育是以育人為目標的。民主、平等和相互尊重這些現代教育理念應該是教育工作者必須奉行的。要想取得好的教育效果，家長應該尊重孩子的心靈、情感和人格尊嚴。

按照聯合國《兒童權利公約》的規定，兒童是指滿 18 歲以下的任何人。我們說要尊重兒童的權利，是因為孩子從一出生開始就是一個獨立的個體，並且是一個權利的主體。他們不是家長的附屬物，他們的人格、尊嚴受到法律法規的保護。不是因為孩子長大了，有能力了才需要給孩子以尊重。兒童隱私權、自由生活的權利等等，都屬於應受到保護的兒童權利範圍。兒童權利範圍是很廣泛的，其中生存權、發展權、受保護權、參與權是兒童的基本權利。

在現實生活中，時常發生兒童權利受到侵犯的事件。也許有的家長會認為，給孩子那麼多的權利，如何管孩子呢？不是無法無天了嗎？其實，這些擔心是不必要的。一個懂得珍惜自己權利的人，比一個不懂得珍惜自己權利的人更容易教育，因為這說明孩子們在成長。而且，給予兒童權利是在教育兒童怎樣更好的做人，而不是教育孩子逃避家長的幫助和指教。

其實，每個孩子都是一朵花、一朵等待綻放的花，每一朵花的綻放都離不開教育工作者精心的呵護。每當看到有些孩子因為打架、賭博、網路成癮而逐漸走向犯罪道路的報導，在痛心於那些提前凋零、凋謝的花朵之餘，反思我們的教育過程，這些現象是否與那種傳統的、專制的、不民主的教育有關呢？

很多時候，家長的所作所為，名義上是為了孩子著想，實則卻是為自己著想——

- 重視孩子學習、希望孩子出人頭地，往往是重視自己的虛榮。
- 重視孩子成長、希望孩子完成自己未圓的夢想，往往是重視自己的願望。
- 重視孩子將來、認為「我是為你好」的時候，往往是重視自己的判斷。

・重視孩子是不是「聽話」、是不是「守規矩」，往往是重視自己的權威。

魯迅曾說過：「小的時候不把他當人，長大以後也做不了人。」孩子不是家長的附屬，而是需要尊重的獨立的個體，這一點是很多家長無法想像和接受的。家長看到的，經常是孩子的學業成績、孩子在人前的表現，想到的是，孩子是否吃飽穿暖、身體是否健康，但他們沒有看到的，或者說是忽略了的，是孩子這個人本身。再小的孩子也是一個「人」，這個人長大了要走自己的路，從小把他當獨立的個人看，給他必要的尊重和選擇的餘地，那麼，成年之後，他才會有自信和獨立的精神。

當然，尊重孩子的自由需求並不等於放任孩子。俗話說：「沒有規矩，不成方圓。」只有自由與規範相結合的教育才真正有利於孩子的身心健康發展。因此，在給孩子自由的同時一定要有相應的規則約束。比如，在家裡，要讓孩子知道各種用品、玩具都有固定的位置，使用後應物歸原處；每日飲食起居也要有一定的規律，按時就寢，按時起床。

尊重孩子是家庭教育的首要原則，愛而不嬌，嚴而有格，寬鬆而不放任，自由而不放縱，則是家教的成功之道。

不要做越位的家長

現在獨生子女越來越多，他們在家裡被家長悉心照料、呵護著。家長往往認為，愛孩子就是一切為孩子著想：愛孩子就是為孩子設計好前面要走的道路。然而，家長有沒有想過，這樣的做法是典型的越位行為，對孩子的健康成長極其不利。

小鑫今年13歲，剛上國中一年級。從上小學的第一天起，媽媽就把所有關注的目光傾注到兒子身上，全身心培養孩子，希望他學習成績優

秀，將來擁有好的前程。一直到升入中學之前，這位母親每天都陪孩子寫作業、檢查預習、制定複習計畫……從未間斷過。在小學期間，孩子的學業成績雖不是特別優異，但還是令母親滿意的。

升入國中之後，母親想逐步放開手腳，讓孩子「慢慢適應國中生活，養成良好習慣」。可是，這位母親發現：在沒有家長監督的情況下，孩子根本就無法進入學習狀態。新課不知預習，舊課不知複習，作業不主動完成，就連記載了 6 年之久的「錯題本」也不見蹤影了。孩子顯得十分被動，跟不上正常學習的節奏，成績一落千丈。這位母親十分痛苦：已經是國中生了，為什麼還不懂事？為什麼還不知道獨立學習？這樣的孩子，讓人操心到什麼時候啊！

「學習全憑自用心。」牛不喝水強按頭，那是很愚蠢的做法。透過案例，我們不難發現：在這個家庭裡，母親把孩子該做的事情全部包攬了，孩子只是一臺機械的、被動學習的機器。由於母親的插手，孩子」，找不到學習的熱情和樂趣了，儘管他的學習成績還能令母親感到滿意，但是，那是有外力的結果。一旦外力取消，孩子就會孤立無援，無所適從了。透過案例，我們也可以看到這個孩子身上的惰性比較強，自制力、主動性和毅力都比較差。試想，在溫室裡精心培育的花朵，怎麼能適應多變的自然氣候呢？在母親翅膀下長大的孩子，又怎能突然適應沒有保護的生活呢？

家長替孩子做得越多，孩子就越笨拙、懶惰；家長越是嬌慣，孩子就越無能、越被動。學習是需要孩子自覺參與的創造性活動，沒有孩子的主動參與，別人再怎麼著急，都只能是乾瞪眼。期待孩子的覺醒、期待孩子的變化才是我們所希望的。

家長出於對孩子的愛，擔心孩子吃虧受苦，凡事總替孩子包辦代替。除此之外，家長在家庭教育中的插手現象還表現為：對孩子的期望值過

高，片面關注孩子的分數而忽視孩子的興趣、特長。

　　小瑩是高二學生，她性格開朗活潑，除了學業成績不盡如人意外，其他方面都表現出色：她的鋼琴彈得很好，已經達到 6 級水準；她的芭蕾舞也跳得很好；她的畫畫得好，她畫的卡通動物形象惟妙惟肖；她的歌也唱得很好，可以跟某些歌星媲美。但是，多才多藝的她卻在考試公布成績之後自殺了。這讓所有認識她的人都十分震驚，這怎麼可能呢？後來，大家在整理她的筆記本時，發現了其中的端倪：原來，父母對她的要求很高，她也一直在按家長的完美標準來要求自己，很在意自己的不足，而她的短處就是眾所矚目的大考。瑩兒有兩個科目不及格，這樣的成績有可能導致她留級，她覺得太丟人，無法面對對自己懷有殷切期望的父母。於是，她選擇了結束自己的青春和生命。

　　現實生活中，許多家長片面關注孩子的分數，而忽視孩子的興趣，這種「贏得過去，忽視未來」的做法很危險，是完全違背教育的目的和做家長的責任的。家長期望孩子早日成材，期望孩子出類拔萃，這種心情本是可以理解的，但在教育孩子的過程中千萬不要因為懷著不切合實際的過高期望而走向極端。家長總是以成人心態和眼光，看待孩子的內心世界和能力，對孩子的能力發展、情緒狀態，心智教育等方面做出過高的評價，提出過高的要求，不切實際地急於求成。家長的這種心態和做法促使孩子脆弱的心理進入了一種怕失敗的高壓狀態，導致他們在精神上、心理上陡增緊張和焦慮情緒。

　　要知道，家長可以替孩子設想一時之路，但家長無法替孩子安排一生，孩子的路，需要孩子自己選擇，孩子的未來，需要孩子自己掌握。關心孩子，請掌握好愛的尺度。尊重孩子，請給孩子成長的空間，讓孩子在自然的陽光下快樂長大。一個只知道學習的「高分孩子」，一生會快樂

嗎？絕對不會！所以，家長不要把注意力老是盯在孩子的學習成績上，否則，只能累壞家長，累壞孩子。

家長對孩子的愛，要愛得深沉、愛得藝術。作為合格的家長，應給予孩子最美好的東西 —— 教會他們生存、生活以及創造的能力，而不是包辦代替。

凡事與孩子商量

英國教育家史賓賽（Herbert Spencer）說過：「對孩子要少下命令，命令只有在其他方式不適用或失敗時才用。要像一個善良的立法者一樣，不會因為壓迫人而高興，而是因為用不著壓迫而高興。」

商量的魅力在於，使自己學會從別人的角度思考問題。兩代人的溝通，最重要的是相互理解、相互尊重。而實現相互理解、相互尊重的方法就是學會商量。

人與人之間的相互商量非常重要。商量讓人感覺到受尊重。根據馬斯洛（Abraham Harold Maslow）的需求層次理論，受尊重的需求，是人類較高層次的需求。一旦這種需求無法獲得滿足，人就會產生沮喪、失落等負面情緒。

孩子也是如此，他們也有被尊重的需求。如果家長喜歡與孩子商量，孩子就會非常樂意與家長交流，反之，孩子則會產生叛逆心理，封閉自我。

小軍和阿海的父母都失業了，兩個家庭都陷入了困境。面對同樣的境況，兩個孩子的表現卻截然不同。

阿海依舊沒有改變穿 NIKE 等名牌服裝，跟著時尚走的習慣，最近又迷上了網路遊戲，並且達到廢寢忘食的地步，更別說按時上課了。「阿

海是全家的希望，只要他讀書好，將來有出息就行，沒想到他連課都不上。」阿海的父親感到非常失望，「但我們還是覺得孩子應該擁有這個時代給予他們的快樂，再苦再累也不能讓孩子覺得委屈，不能讓他來承受家長因工作失敗而帶來的酸楚。所以，我們從不在孩子面前傾訴失業後的失落，更不會抱怨賺錢太辛苦和受到太多的委屈，照常滿足他吃穿要求，和他想要的零用錢，沒想到這孩子把我們對他的期望拋到了九霄雲外。」

而小軍卻和阿海大不相同，雖然有時上學也遲到，可是學業成績卻在不斷進步。

原來，小軍的家長失業後又重新創業，白天黑夜顧不了家，思前想後，小軍的父母決定將實情告訴孩子，與孩子商量應該怎麼辦。「有句話不是說『窮人的孩子早當家』嗎？我們生活困難，孩子是家庭成員，有義務作貢獻，幫助家庭早日脫離困境。」

小軍的父親是個性情爽朗的人，提起兒子就樂呵呵的：「與孩子商量後，孩子也很樂意，主動提出照顧好奶奶和顧好自己的課業。我們有時回家累了，他還會為我們捶捶背、按摩按摩。這孩子一歲多就會為我們添飯、拿拖鞋，我們從未操心過，不僅表揚鼓勵他，而且教他做力所能及的事，我們遇到什麼困難也會與他商量，請他一起想辦法。我們常對孩子說的就是『我們都是家庭中的一員，要相親相愛、盡職盡責』，兒子做到了，他關心每個家人，把奶奶也照顧得很好，這解決我們家的大問題了。而且聽說他現在課業也沒耽誤，真是讓我們高興，也太難為孩子了。」

「孩子，這是個嚴肅的問題，我們商量一下看怎麼解決好。」身為家長，在尊重孩子這方面，你是否做到了呢？

一個家庭，除了家長，還有孩子。可是，家長往往把孩子排斥在外，尤其是決定一些重要的事情時。他們總是認為孩子太小，什麼也不懂。沒

錯，生活中純粹大人之間的事可以暫時不讓孩子知道，可是還有很多事是完全應該讓孩子也參與討論的，尤其是大人做出關於孩子的某項決定時。不要以為孩子是你的，你就可以隨便對他做出決定。他年齡雖小，卻是一個獨立的個人，他有權知道關於自己的事情。事實上，只要是家庭的成員，都有權參與家庭事件的討論與決定，它可以營造一種良好的家庭氛圍，哪怕是嬰幼兒，你們討論某件事的時候，也可以讓他待在一邊，就算只是個形式也非常重要，對於已經具有一定思考能力的孩子，就更不可忽視他在家中的地位了。

有一位母親在日記中這樣記述自己的教子心得：

我從兒子的成長中體會到：商量，能使家庭關係變得和諧；商量，能使孩子得到大人的尊重，從而使孩子懂得尊重別人，並學會用商量的辦法去對待家長和他人。

從兒子幼兒時期直到高中時代，我一直用「商量」的辦法和他相處。「商量」使親子間增進了感情，避免了衝突和對抗；「商量」使兒子學會了從別人的角度來觀察事情、思考問題，學會了民主和平等、尊重和友誼。

尊重孩子的家長，也會受到孩子的尊重。時常被家長請去商量某件事情的孩子，到了他要做一項決定的時候，也會主動去跟家長商量，而不是一意孤行。家長要隨時記得，孩子也是家庭重要的一分子，許多事情要和孩子商量再做決定。學會與孩子商量，是兩代人溝通的好方法。人和人之間，如果互相不溝通、不交流，是無法相互了解的。

當然了，商量不是簡單的遷就，而是家長與孩子對話、溝通、相互了解，形成雙方可接受的意見或辦法；商量不是家長發號施令，而是真正地把孩子當作一個人，更當作一個孩子來對待。

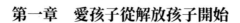

第一章　愛孩子從解放孩子開始

▌維護孩子的自尊

　　家長是孩子良好自尊心的重要培育者。家長的接納、尊重、關懷、無條件的愛以及真誠地讚美與肯定，對孩子來說都是非常重要的。

　　其實，每個人都有自尊和被人尊重的需求，而自尊、被人尊重，是產生自信心的第一心理動力。孩子的自信首先來自自尊，一個沒有自尊的孩子是不可能有自信的。一個孩子要想成為一個傑出的人，他就必須首先接納自己、喜歡自己、尊重自己、認為自己值得他人愛和喜歡，這樣，他的內心裡就會產生一種自我價值，有了自我價值，孩子的生命之火就被點燃了，而他的精神生命也因此向外擴張。可以說，自我價值是孩子熱愛生活，並為之奮鬥的理由，是孩子獲得成功的前提。而自我價值的核心就是自尊。

　　如果家長不注意教育方式，經常讓孩子出醜，將會使孩子變得不以為恥、習以為常，無形中對不好的行為產生了加深作用。日常生活中，家長不尊重孩子的行為具體表現在以下幾個方面：

- **經常挖苦諷刺孩子**：有許多家長對孩子的期望值脫離實際，非要求孩子的學業成績排在班上前幾名。上小學，對滿分最滿意，98分、99分就得挨罵；上國中，要平均90分以上，不到90分的科目，視為沒學好。如果孩子成績處在中等或中等偏下狀態，一些家長的話就更難聽了：「你不上進，沒出息」、「你太笨了，這點功課都學不好，還指望你幹什麼」、「老師教你的，你全當飯吃了」、「就你這德性，將來怎麼找工作」……這樣的諷刺挖苦會在孩子心靈上留下什麼？是使孩子擁有奮起的勇氣，還是難言的疼痛？是增強孩子做人的自信，還是使孩子感到越來越失望？留給此類家長自己去好好反省吧！

- **家長濫施懲罰**：有的家長不只口頭上對孩子進行精神虐待，還濫用懲罰。調查發現，有 8%～12% 的家長對孩子常常採取體罰的方法。挨打的孩子往往起初感到害怕，打過幾次之後就被打「皮」了，更難教育。觸及皮肉的結果，可能造成靈魂麻木，或者造成怨恨反抗心理，孩子的人格就會扭曲。更有甚者，一氣之下，把孩子打成重傷，甚至命喪黃泉，造成終生悔恨。

- **與其他孩子比較**：家長總喜歡「比較」，在孩子還很小的時候，比身高、體重、皮膚，比先掉牙、先說話；孩子大點時，比的項目又更多了。但是家長很少教導孩子「自己和自己比」、「看看自己進步的地方在哪裡」，也沒有教導孩子如何「向內看」，看到自己的力量。其實，跟別人比是很辛苦的，人與人總是不一樣的，總是有差異的，怎麼比得完呢？可是，如果孩子相信自己是特別的，他是會創造出自己所獨有的價值的。

家長只有充分意識到自尊心下面的兩條深層的根「羞恥心」與「上進心」的真正含義，才能在生活中避免給孩子的自尊帶來傷害。

羞恥心使人在做了壞事時產生羞恥感，並因而遠離這些壞事。要知道是羞恥心促使我們大小便要避開其他人，到廁所裡進行。人如果沒有羞恥心，那麼他就會按動物的生存方式來行動，而不會按人的方式來行動。對於一個沒有羞恥心的人來說，他的行為在別人眼中是什麼樣子，根本就無關緊要。這樣他的行為就失去了社會制約，那麼動物的本性使他怎麼舒服、怎麼方便就怎麼做。

上進心，使人不甘心在人群中居於落後的地位而努力。人作為一種社會生物，最重要的心理需求就是獲得同類的認同和羨慕，在同類中找到優越感。當人有了上進心，他就會去追求社會的承認和人們羨慕的眼神。這

樣他就會研究人類社會的法則，並自覺按社會法則所設定的正面方向去規範自己的行為，因為只有這樣他才能獲得社會的承認。與此同時，他必須努力去獲得別人也想要的東西，比如地位、權力、金錢、學問、美感以及健康等。因為只有得到了別人也想要、卻沒有得到的東西，別人才羨慕他。

與此同時，維護孩子的自尊，要從細節下手，尤其是在公共場合，更要細心呵護，因為孩子心靈是非常脆弱而敏感的，若把他看成不懂事的孩子任意去批評、指責，刺傷他的自尊心，那孩子就容易產生自卑、退縮、緊張甚至憎恨、敵對情緒。孩子越小，心靈越不設防，越容易受傷害。我們就更需要給予小心呵護。例如：家長要多關心孩子內心的冷暖，多給他一些微笑和關懷的眼神，多給他一些理解和支持，多給他留面子，不要當著別人的面訓斥、指責孩子。

讓孩子失去自尊很容易，但重建自尊卻是一個緩慢而困難的過程。所以，家長在教育孩子的過程中，一定要重視孩子的自尊，萬萬不可傷害。

▌蹲下來和孩子說話

英國教育家史賓賽曾說過：「對孩子訓話表示你要求他絕對服從，讓他像你一樣思考問題。和孩子像朋友般交談，表示大家一起尋找方法解決問題，重新衡量自己的觀點，搞清楚究竟誰的更符合實際。」家長總是希望自己的管教能有立竿見影的作用，可以讓孩子下次不再犯同樣錯誤，但孩子偏偏就是屢教不改，是孩子太頑固了，還是家長自身的教育方式出問題了？

小英 13 歲了，喜歡穿磨得破破爛爛的牛仔褲和花花綠綠的 T 恤。小英的媽媽卻總想不明白，為什麼女兒好好的衣服不穿，要穿成這樣。

這天，媽媽又看見女兒在屋外用砂輪打磨新牛仔褲的褲腳。

媽媽生氣地對女兒說：「我小時候哪有這麼好的衣服穿，有一件新衣服就愛惜得不得了，沒想到妳現在卻這麼不懂珍惜……真是個讓人心煩的孩子！」

媽媽的話女兒好像充耳不聞，繼續低頭打磨她的新牛仔褲。

媽媽生氣地問小英：「妳為什麼要把新牛仔褲弄成這個鬼樣子？」

沒想到，女兒竟然理直氣壯地說：「現在就流行穿舊的牛仔褲，新的穿著不時尚。」媽媽聽到這番話百思不得其解。

媽媽最終沒能說服女兒。每天早上，看著女兒的一身打扮：上身穿著爸爸的舊 T 恤，上面染著不知是什麼顏色的花紋。而那條牛仔褲更是慘不忍睹，膝蓋上是兩個大洞，褲腳經過她的加工，多了一圈毛邊。

媽媽看不慣女兒的打扮，卻也管不了，對此束手無策。

故事中的媽媽居高臨下，給人一種壓抑的感覺。美國精神病學家曾經說過：「教育孩子最重要的，是要把孩子當成與自己人格平等的人，給他們以無限的關愛。」無數事實也表明，家長以居高臨下的姿態來關心孩子，反而會使孩子產生逆反心理。只有家長轉變態度，像對待朋友那樣去關愛子女，才有可能讓孩子感受到平等。

有位家庭教育專家曾說過：「蹲下身，和孩子平視，你會發現另一個世界。」我們知道，只有兩頭高度差不多，水才有可能在中間的管道裡來回流動，如果一頭高，一頭低，水就只能往一個方向流了。孩子與家長的交流也是相同的道理。蹲下來和孩子說話，家長與孩子才有可能平等地交流。

如果想讓孩子理解家長的用心良苦，家長需要與孩子在心靈上平等交流，家長要設身處地為孩子著想，考慮孩子的感受，要蹲下來和孩子說話。如果家長們蹲下來，蹲到和孩子一般高時再開口說話，孩子從和他平等的視線交流中看到家長眼中透露出來的愛意、真誠和平等，就會認真地

聽家長說話。而不會由於不平等讓他在與家長說話時心不在焉。一位從美國費城考察回來的專家，曾經這樣深有感觸地說過：「美國的家長不像亞洲的家長偏向吼罵的教育方式，他們責備孩子時，一定會蹲下來，讓自己眼睛和孩子眼睛處在同一高度上，然後握住孩子的手，輕聲地和孩子說話。他們認為，在蹲下與孩子目光平行的時候，無形中，孩子便會乖乖聽話了。」

蹲下來，不只是指在生理的高度上盡量地和孩子保持相同的高度，更重要的是，在心理上的高度要平等，是以平等的態度和眼光，用認真而親切的態度，把孩子看成一個需要尊重的獨立的人。因為只有在心理上家長不再居高臨下，與孩子完全處於平等時，孩子才會把他的真實想法告訴你。這就是孩子為什麼喜歡把心裡話對自己的朋友說，卻不願與家長說的原因。

一個小男孩不願進火車站候車廳，惹他媽媽生氣了，媽媽很嚴厲地訓斥他，他在一旁低頭不語。媽媽看孩子這樣更生氣了，便大聲對孩子說：「你抬起頭來，聽我說話！」孩子還是不理。

沒過多久，孩子的爸爸過來了。看到這樣的情景，爸爸蹲在孩子面前，看著他的眼睛，低聲地對孩子說：「爸爸一直知道你是個聰明、懂事的好孩子，你告訴爸爸你想不想回老家和哥哥玩？」「想！」小男孩高興地回答。「回老家和哥哥玩，我們就要坐火車回去，那你說我們現在該怎麼辦？」小孩想了一會，說：「我們現在要去坐火車了。」「我們坐火車要先進站，要等火車開過來，那我們現在先去候車廳等，好嗎？」小孩愉快地接受了，和爸媽手牽手進了火車站。

在對待孩子的問題上，父母二人採取了不同的方法，收到了不同的效果。父親採取蹲下來的姿態，和孩子是平等的，孩子覺得父親是理解他的，自然就收起了自己的敵對情緒，認真思考爸爸所說的話；而母親則採

取居高臨下的訓斥方法，孩子看到母親氣勢洶洶的樣子，會感到壓抑和恐懼，有話也不敢說出來了。

所以，家長與孩子說話時不妨蹲下身子，設身處地為孩子著想，以一種孩子能夠理解、接受的方式平等交流、溝通，這樣，不僅可以使家長更全面地了解孩子，而且還可以有效促進孩子身心健康的發展。

▋給孩子表達的機會

在有些家長眼裡，孩子終究是孩子，是永遠也長不大的「小不點」，孩子沒有發言權，只能乖乖聽話。顯然，家長的這種想法是錯誤的。孩子儘管還小，但畢竟是獨立的個體了，有自己的想法與行為方式，如果家長只是一味卡住孩子的喉嚨，消失的不僅僅是孩子聲音，還有親密的親子關係。

媽媽為女兒玲玲制定了學習時間表，女兒也同意了按規定玩遊戲、做作業的做法，到時間就休息、學習。

為此，媽媽終於鬆了口氣。突然有一天，媽媽出差提前回到家，發現玲玲又在房間裡玩玩具，並沒有完成功課。

「玲玲！」媽媽大喊一聲，死死盯住女兒。

女兒急忙把玩具藏了起來，試圖做出一個笑臉，然後故作鎮靜說：「我做了一個小時的功課，剛剛才坐下來休息一下。」

「玲玲，妳真讓我傷心，妳怎麼能這樣對媽媽，妳懂不懂這樣做會對妳有什麼樣的影響？妳不必解釋了，聽我的。」見女兒似乎要解釋，媽媽急忙制止她，「我不想聽妳的任何解釋，妳讓我太失望了，妳知不知道我這樣做全是為了妳？」

「那妳不要管我好了。」玲玲回了一句。

「什麼？」媽媽的眼睛瞪了起來，聲音驟然升高。

此時，玲玲的眼睛裡開始出現害怕的神情，她在尋找退路。「不管妳！這是我的責任，我當然要管。妳回房間去想一想，還有……」她忽然想起玲玲這個週末要和幾個好朋友到同學家過夜，「還有這個週末不能去琳琳家過夜了。」

「為什麼？」玲玲大叫，憤怒和絕望像洪水一樣扭曲了她的五官。「我要去，我就要去，妳是一個壞媽媽。」

看著女兒那種狂怒的表情，媽媽也有些不安了。她知道女兒是多麼盼望著這個機會，能與朋友一起過夜，但她的憤怒和自尊都阻止她收回這道「命令」。

「是妳自己取消了這次機會的。」

「為什麼？這跟玩有什麼關係？我就要去，看妳怎麼樣！」女兒暴跳如雷，她此時困獸似的表情和姿態是媽媽最不願意看到的。

「妳馬上停止，不然我要生氣了！」

「妳已經發火了，我就這樣，怎麼樣？」

啪啪，媽媽狠狠地在女兒背後拍了兩下。

「哇！」女兒哭著衝進自己房中，「哐啷」一聲將門關上。

隨著這兩下，媽媽的氣消了，卻感到十分內疚，有一種被擊敗的感覺。

一直在旁注視的保姆說：「這幾天玲玲沒有貪玩，今天的確是先做了一些作業，才求我讓她玩一會的，我覺得她是很看重妳的規定的，妳應該給她表達的機會。」

現實生活中，像這樣的母親並不少見，這實在是很不明智的做法。真正理解孩子的家長，總是在孩子開口發言時，能將他當成一個大人看待，

認真聆聽他說話。假如孩子的觀點對了，那就表揚他，假如孩子的話錯了，那就和顏悅色為他分析錯了的原因。

這是一位小學一年級老師在某次研習會上的發言：

在上課過程中，我經常發現孩子喜歡小聲在下面講話，插嘴的現象也比較嚴重。當老師提出一個較感興趣的話題後，孩子們不等得到老師的允許，已經開始交頭接耳、七嘴八舌說起來，像炸開了鍋的豆子劈劈啪啪說個不停。他們不管重複、不重複別人的答案，更不顧老師要求舉手說話的規則。

「安靜！安靜！舉手說！」我的要求被孩子們的聲音給淹沒了，誰也沒有理會。「噪音，這是噪音！」以為這樣的提醒會有用，可是孩子們說得更高興了。「麗麗很乖、果果很乖。」可是沒有料到，只有幾個孩子看著老師，更多孩子並沒有停止說話的意思。「等一下不講話的孩子可以玩遊戲！」部分孩子的聲音小了，但還有幾個說得眉飛色舞的孩子在討論。「民民不乖、慧慧不乖！」我很嚴厲地指著站起來講話的「大嗓門」民民和慧慧。可是，效果依然不佳。

後來，我靜下心來想，其實，只要我們站在孩子的角度，分析孩子的心理，我們會發現，孩子有表達的欲望，七嘴八舌說話本身並沒有什麼錯，處理孩子七嘴八舌問題的背後我們看到的是老師們觀念出了問題，方法欠妥。在活動中每一個孩子都有表達、參與、交流的需求，他們需要釋放自己的感悟、發現、想像、思考等等。因此，遇到這樣七嘴八舌的情況，老師只需要給予全體孩子幾分鐘自由表達、交流討論的時間，每一個孩子表達的需求都會得到滿足，而老師這時候只需要做一個忠實的傾聽者就可以了。

是呀，愛孩子就應解放孩子、尊重孩子，而給孩子表達的機會、讓孩

子說出自己的心聲，就是家長尊重孩子的一種方法。實際上，這也是一種發言權效應。任何人，不管是成人還是孩子，如果他所在的環境給他發言機會，他自己就會產生被重視、被關注的心理，他將會表現得更加出色。

善於傾聽孩子的心聲

古時候有一個國王，想考考他的大臣，就讓人打造了三個一模一樣的小金人，讓大臣分辨哪個最有價值。最後，一位老臣用一根稻草試出了三個小金人的價值，他把稻草依次插入三個小金人的耳朵：第一個小金人的稻草從另一邊耳朵裡出來，第二個小金人的稻草從嘴裡出來，只有第三個小金人，稻草放進耳朵後，什麼響動也沒有，於是老臣認定第三個小金人最有價值。

同樣的三個小金人卻存在著不同價值，第三個小金人被認為最有價值，是因為其善於傾聽。其實，人也同樣，最有價值的人，不一定是最能說會道的人。善於傾聽、消化在心，這才是一個有價值的人，應具備的最基本的素養。可是，在現在的一些家庭中，有些家長並沒有認識到傾聽對孩子的重要性。

孩子一旦有問題，家長總愛以成人思考方式去評判孩子所做的一切，把自己的意願強加給孩子，不給孩子解釋的機會，輕則呵斥重則打罵。孩子因失去說話的權利，或者自己想法得不到家長重視，只好將委屈和不滿埋藏在心裡，這樣下去，做家長的就很難知道孩子想法，這樣對孩子的教育就會無所適從。另外，孩子的說話權得不到家長尊重，家長不讓孩子把話說完，一方面不利提高孩子語言表達能力，另一方面也使孩子產生自卑情緒。久而久之，孩子就會與家長產生對抗情緒，造成雙方互不信任，產生溝通困難，甚至還會導致孩子的不良心理。

　　外國有句諺語：「用十秒鐘的時間講，用十分鐘的時間聽。」善於傾聽，是說話成功的一個要訣。據美國俄亥俄州立大學一些學者的研究，成年人在一天當中，有 7% 的時間用於交流思想，而在這 7% 的時間裡，有 30% 用於講，高達 45% 的時間用於聽。這說明，傾聽在人們交往中位居非常重要的地位。

　　同樣，對於家長而言，與其做一個能說會道的家長，不如做一個會傾聽孩子心聲的家長。

　　事實上，傾聽並不是一種簡單的行為，它也需要一定的技巧。尤其是家長傾聽孩子說話，更要掌握好聽的方法：

　　第一，向孩子顯示你正在聽他講話。孩子向家長訴說時，家長的關注，代表家長對孩子的尊重，和表示家長願意分享孩子的想法和感受。當孩子開口向家長講話時，家長應停下正在做的事情，轉向孩子，與孩子保持目光接觸，並仔細聽孩子說話。同時還要透過點頭或不時「嗯……是的……」等來顯示家長在注意聽他說話。當然，家長在聽孩子說話的時候，不要對孩子進行無端的批評和責罵。因為受委屈的人，很少去反省自己有什麼過錯，而被感動的人則更容易自省，並且因為感動增加內心的勇氣和自信，同時他的自制力也會增強。

　　第二，告訴孩子你所聽到的，以及你的想法。孩子說話時，無論你有多忙，一定要用眼睛看著孩子，不要隨意插嘴，盡量表現出你聽得很有興趣。讓孩子發表他們的觀點，認真聽他講話，如果你在某一個重要原則上有不同意他的看法，應該告訴他你不贊同什麼觀點，並說出理由。在提出反對意見時不要過於武斷，不應否定一切。即使孩子是在信口胡說，也要控制你的情緒，不要妄下定論，直到完全理解清楚。

　　第三，讓孩子投入談話之中。交談需要花費一些時間，同時，最好是

在一種讓孩子與大人一樣有同等機會參與的輕鬆氣氛中進行。談話應自由自在，任意發揮。不要有什麼儀式安排或預期達到什麼結果，嘗試著與孩子隨意交流觀點和看法。

第四，接受孩子的所有感受。孩子向家長訴說時，家長應安靜、專心傾聽，但不給予評判。家長不必接受孩子的所有行為表現，而只是接受他的感受。例如，孩子告訴家長他對朋友有多生氣，這時家長要理解孩子的感受，可以安慰一下孩子，但家長要教育孩子不可透過嘲弄或打人來表達他的生氣。

第五，別打斷孩子的話。我們時常能看見孩子剛剛要說話，媽媽就在一旁打斷孩子，自己說自己的。比如，孩子剛說一句「媽媽，在學校裡，我和小朋友一起玩『老鷹抓小雞』的遊戲，真好玩。」媽媽馬上打斷孩子說：「玩『老鷹抓小雞』的遊戲了？媽媽也喜歡玩……」媽媽的打斷有可能讓孩子忘記自己剛才想說什麼了。

第六，在孩子說話的時候，不要讓孩子難堪。一些家長因為沒有注意自己的傾聽習慣，難免讓孩子尷尬、難堪。

有一次，月月從外面跑進來興奮地對媽媽說：「媽媽，我剛才去了文具店，看到一種神奇的組裝機器人。」

月月的媽媽馬上認為孩子想要買那個機器人，趕緊打斷孩子說：「媽媽沒有錢，你應該知道吧。」結果，孩子不高興了，他嘟起嘴巴氣憤說：「我又沒有說我想買，妳每次都沒聽完別人說什麼就發表意見，我討厭妳！」

頓時，月月的媽媽愣住了！

其實，即便孩子想買，家長也應該等孩子把話說完了，再提出自己合理的建議，用自己的理由說服孩子，而不是武斷地掐斷孩子的幻想，這對孩子來說也是一種傷害。

▌讓孩子自己做決定

佳佳剛上一年級，課餘時間特別喜歡打乒乓球，對踢足球不感興趣，但他卻有個足球迷的父親。

父親看到佳佳經常去練習打乒乓球，就教訓他：「小球沒有出息，去練大球！」

佳佳不願意踢足球，父親就強迫兒子和他一起去足球場練球，搞得佳佳總是不開心。

「生命的價值在於選擇。」但家長常常忘記這一點，他們不讓孩子去做選擇，又總是忍不住要替孩子做選擇。於是，孩子只能按照家長的決定去做。那麼，這些決定越正確，窒息感就可能越強烈。一方面，孩子獲得的資源越來越多，能力也越來越強，但另一方面，他的生命熱情卻會越來越低。他們感受到這一點，於是想對家長說「不」，但他們又一直被教育要「聽話」，所以連「不」也不能說了，只好用被動的方式去叛逆。

這是因為孩子有了自主意識，就不願意什麼事情都聽家長的，有了自己做決定的需求。如果孩子這種需求長期不被滿足，自主意識就會被抑制，自信心會受打擊，影響孩子對自己的評價，很可能導致孩子產生消極的自我評價，而這一點可能會深植於他的內心。長大以後，孩子會缺乏判斷力和選擇的能力，缺乏責任感，凡事依賴，缺乏主見。到那時家長再想訓練他自己做主就很難了。

在一次家長會上，有位母親談了自己與女兒之間的誤會，以及自己深刻體會：

女兒上二年級了，就不再像以前那樣聽我的話。有一段時間，我總是為她穿什麼衣服、看什麼書、學什麼才藝而與她發生不愉快，這讓我感到傷心也很迷惘。我認為好的、美的東西，她有時會認為是壞的、醜的；我

要她這樣做，她偏要那樣做……為此，我也苦惱過、失望過、反思過。後來我在尋找答案的過程中，領悟出了一些道理來，原來是孩子讓我成長了。

我開始尊重孩子的個性發展。孩子是活生生的人，她不是我的附屬品，她遇到事情有自己的想法。孩子有意見是她逐漸成長的表現，應該給予尊重、理解和鼓勵。例如，孩子想要穿什麼樣的衣服，這說明她已有自己的審美觀點，只要不是太出格，就讓她去穿，我不宜用自己的標準來控制和干涉。

不可否認，如果孩子做什麼事、做出什麼決定，家長只是一概否定的話，必定會讓孩子強烈反感。其實，隨著孩子漸漸長大，他們總會有自己的想法，並想將之付諸行動，即使他們的行為是笨拙、錯誤的，但對孩子來說，那也是個全新體驗，家長應該做的，就是引導他們了解問題的所有答案，然後做出選擇，以及承擔選擇之後的結果。

在歐美等西方國家，學校的目的並不是「應試教育」，而是注重培養學生的自主意識和獨創精神。學生們可以根據自己的興趣愛好，自由選擇上課內容，學生完全憑自己的意願來學習。這也是學校尊重孩子的一種表現。儘管孩子年齡小，但也有自己獨立的人格，孩子們的事應該由他們自己做出決定。用這種方法教育、培養孩子是十分可取的。我們大多數家長所缺少的也許就是這種教育理念。

培養孩子的自我意識

有位心理學家在做動物實驗時曾遇到這樣一件有趣的事情：心理學家給小猴子一些木塊，讓牠用木塊換糖吃，換到後來，木塊用完了，牠就用自己的尾巴來換糖，使這位心理學家捧腹大笑。為什麼看起來挺聰明的小猴子會做出如此可笑的動作，而再笨的孩子也不會用自己的手或腳去換糖

吃呢？原因在於，猴子無法把自己和周圍的事物區別開來。而人則不同，人能夠認識自己，以及自己跟周圍世界的關係，人有自我意識。有無自我意識是動物和人在心理上的分界線。

自我意識是指一個人對自己的認識，包括對自己和周圍人的關係的認識。自我意識在人的心理活動和行為中，有調節作用，是行為的強烈動機，它對孩子的心理發展意義重大。孩子怎樣認識自己、怎樣安排和處理自己跟周圍世界，以及和別人的關係、怎樣評價自己的能力、具有什麼樣的自我價值觀、樹立什麼樣的自我形象等等，直接影響到他們能否積極適應社會、能否保持心理健康、能否在學習和生活中順利前進和發展。

家長培養與利用孩子的自我意識，可以有效促進其學習與心理健康。一個具有良好自我意識的孩子，會在各方面表現出優秀的才能，經常取得成功。反之，如果孩子在自我意識的發展中出現了不良傾向，又沒有及時調整，會使孩子的個性和行為發生偏差，以後矯正就難了。所以，家長應注意培養孩子良好的自我意識。

阿順上小學一年級時，媽媽就開始讓他每天走 5 分鐘的路程，到社區管理室拿牛奶。一開始那幾天他很高興，準時跑去拿牛奶。但有個星期天，阿順賴在床上不肯起來去拿牛奶了，說自己好睏好睏。媽媽說：「如果送牛奶的人也說睏，不起來送牛奶了，那大家有牛奶喝嗎？我睏了，不起來做早餐，你不就要餓肚子了嗎？該自己做的事，不能因為有困難就不做。如果你不去拿牛奶，那我們全家人就要缺少一頓美味早餐了。」阿順一聽，馬上意識到自己在家庭中的重要位置，他低著頭，不好意思地說，「媽，我知道了，我以後再不會賴床了。因為我發現你們不能少了我！」

心理學家認為，孩子在成長的過程中，建立和明白自己的界線非常重要，只有明白了自己的界線，才能在自己的界線內負責，這是孩子成長的

關鍵。故事中，阿順有了強烈的自我意識，開始認識到自己在家庭中所處的位置，這是很值得家長高興的事。

那麼，如何培養孩子良好的自我意識呢？家長應該努力做到以下幾點：

- **培養孩子的自我認識**：家長引導孩子進行正確的自我認識，主要是引導孩子解決兩個矛盾：孩子自己心目中的「我」與實際的「我」之矛盾；自己心目中的「我」與他人心目中的「我」之矛盾。家長可以引導孩子認識實際的「我」，能透過一些比較，讓孩子逐漸對自己有準確的認識。比如：家長可以讓孩子和過去的「我」比較，用筆記、攝影、錄音記下孩子的成長過程，過一段時間拿出來讓孩子看看、聽聽，藉此讓孩子知道「我」的進步、退步或停滯；讓孩子與同齡的孩子比較，認識自己的發展狀況和能力，了解自己的長處和短處；讓孩子與成人和優秀人物比較，認識自己的差距，提高孩子努力和上進的想法；讓孩子和進行活動前後的「我」比較，給孩子安排一些做起來吃力，但經過努力可以完成的任務，使孩子了解自己潛在的能力。

- **培養孩子的自我評價能力**：自我評價是自我意識的核心，它對於孩子道德品格的形成、道德行為的培養是非常為重要的。家長應為孩子設立自我評價的情境，促進孩子自我評價能力的發展。要知道，孩子最初的自我評價能力，是根據成人對他的評價而形成的。因此，家長對孩子的評價，應該比孩子的實際情況略高一點，使孩子經過努力可以達到，這樣有利於培養孩子的自尊心和自信心，讓孩子能夠用積極向上的要求來評價自己。另外，家長要努力安排一些孩子經過努力能夠取得成功的活動。成功的次數越多，孩子對自己成功方面的評價越高；成功的範圍越廣，孩子對自己的全面評價也就越高。這樣有利於

培養孩子自信、自我接受、勤奮、樂觀的個性，使自我意識中積極的成分占主導地位，從而促使孩子獲得更多、更大的成功。

· **教育孩子接受與接納自我**：接納自我是發展健全的自我意識的核心和關鍵。一個人首先應該自我接納才能被別人所接納。只有在自我接納的基礎上，培養孩子自信、自立、自強、自主的心理，才能促進其發展自我和更新自我。

· **引導孩子有效地控制自我**：自我控制是人主動改變自我的心態、特徵和行為的心理過程。有效控制自我是健全自我意識、完善自我的方式。因此，應該從小發展孩子的自我調節與自我控制能力，使他們儘早實現自我教育的功能。

與孩子進行換位思考

日常生活中，我們常常聽到一些家長的抱怨：「現在的孩子真難管，一點都不聽話。」「我們跟他講了那麼多道理，真不知道他們怎麼就聽不進去？」是的。許多家長與自己的孩子無法實現有效溝通，孩子有什麼心裡話也不願意和家長說，甚至一些孩子和家長採取相反的做法，「說向東他偏向西。」常常讓家長覺得很無奈。孩子也常常委屈表示：「父母根本就不理解我們。」遇到類似問題，家長該怎麼辦？不妨學習一些換位思考的藝術。

「知己知彼，百戰不殆。」了解自己的孩子，家長就會站在孩子的角度思考問題，孩子也就能理解家長的付出。播種一個方法，收穫一片希望。透過換位思考，營造出和諧、融洽的教育氛圍，會使孩子更信任家長，更健康快樂成長。

很久以前，有一個農民在田間工作，感到非常辛苦，尤其是在炎熱的

夏天，更是感到苦不堪言。他每天去田裡工作都會經過一座廟，看到一個和尚經常坐在山門前，一棵大樹的樹蔭下，悠然搖著芭蕉扇納涼，他很羨慕這個和尚的舒服生活。一天，他告訴妻子，想到廟裡做和尚。他妻子很聰明，沒有強烈反對，只說：「出家做和尚是一件大事，去了就不會回來了，平時我做織布等家事較多，我明天開始和你一起到田間勞動，一方面跟你學些沒有做過的農活，另外及早把現在重要農活做完，可以讓你早些到廟裡去。」

從此，兩人早上同出，晚上同歸，為了不耽誤時間，中午妻子提早回家做了飯菜送到田裡，在廟前的樹蔭下一起吃。時間過得很快，田裡的主要農活也完成了，選了吉日，妻子幫他把貼身穿的衣服洗洗補補，打包好，親自送他到廟裡，並說明了來意。廟裡的和尚聽了非常詫異，說：「我看到你倆早同出、晚同歸，中午飯菜送到田裡來一起吃。什麼事都有商有量、有說有笑，真是恩恩愛愛。我看到你們生活得這樣幸福，羨慕得我已經下決心還俗了，你反而來做和尚？」丈夫聽後，立刻打消了當和尚的想法。

這則故事不僅表現出農民的妻子聰明賢慧，還有一個換位思考的道理在裡面。換位思考，是自我學習的好方法，也就是與人處事，要站在對方的立場上來全面考慮問題，這樣看問題比較客觀公正，可避免主觀片面。

在家庭教育中，要做到平等交流和有效溝通，換位思考不僅十分重要，而且十分有效。那麼，家長怎樣才能做到換位思考呢？

首先，要有平等的意識，要放下家長的架子，和孩子做朋友。時代在發展，現代社會平等是人際關係的基礎。只有和孩子平等相處，才能做到尊重孩子；為有效的親子溝通鋪平道路，才能和孩子成為朋友，並為孩子做出尊重他人的榜樣。

其次，要學習站在孩子的角度看問題。有這樣一則小故事：一位媽媽帶著自己兩三歲的女兒去逛商店，不一會兒，小女孩就開始哭哭啼啼，要離開商店，無論媽媽怎麼哄都哄不好，弄得媽媽心煩意亂。無意間，媽媽發現女兒的鞋帶鬆開了，就蹲下來為她繫鞋帶，就這樣，媽媽和女兒處在相同的高度了，媽媽發現，花花綠綠的商品不見了，原來，是高高的櫃檯擋住了女兒的視線。於是媽媽終於知道女兒哭鬧的原因了。

第三，回顧自己童年的感受。有的家長把換位思考簡單化，認為把自己和孩子的位置交換一下，就是換位思考了，也就能體會孩子的所思所想了。這樣的理解也不能說不是換位思考。但這很難做到，因為把自己變成另外一個人，幾乎是不可能的事情。那麼，如何更有效與孩子進行換位思考呢？如果我們能回顧自己的童年，向自己提問，如果我小時候遇到類似的困惑、苦惱，我會希望自己的家長怎樣對待我呢？也就是說，把當下孩子遇到的問題放在自己的童年，我們會希望自己的家長如何與我們交流？當我們按照這樣的思路去思考的時候，我們會恍然大悟，豁然開朗！──這才是真正的換位思考、深層次的換位思考。這也是與孩子溝通最有效的選擇。一些家長在做了這樣的嘗試以後，驚喜發現很有效果。有的家長說：「小時候，我不小心打碎了一個碗，本來已經知道錯了，也很希望媽媽能體諒自己。被媽媽罵了以後，我更加傷心了。」有的說：「我小時候，媽媽打我時，我很想死！」有了這樣的感悟，他們嘗試這樣與孩子換位思考，與孩子的溝通就容易多了。孩子的心事也願意向家長吐露了。

換位思考是人對人的一種心理體驗過程，將心比心、設身處地是達成理解不可缺少的心理機制，它客觀上要求我們將自己的內心世界，如情感體驗、思考方式等與對方連繫起來，站在對方的立場上體驗和思考問題，

從而與對方在情感上實現溝通，為增進理解奠定基礎。它既是一種理解，也是一種關愛。家長在教育孩子時，如果能夠經常進行換位思考，將會對孩子的成長十分有利。

▌創建民主的家庭氣氛

民主和諧的家庭氣氛是現代文明家庭的象徵。然而，現在很多孩子在描述自己的家庭時，都流露出了厭惡，「家，那簡直就是一座牢獄，我甚至不想在那裡多待一下子。」

確實，在很多家庭裡，孩子的事都是家長說了算，孩子的意見不被家長尊重，從小就失去了自主權，很多孩子有被家長壓制的感覺，這使得孩子稍大以後，就開始對家長的管制進行反抗，向家長索要尊重、索要民主。

在一些孩子的眼中，家長很霸道，看看他們是怎麼描述家長的：經常怒髮衝冠、聽不進孩子的意見、不理解孩子的喜好、老是說人家的孩子好、看不到孩子的優點，不尊重孩子的選擇……

還有孩子這樣形容家長：家長像員警，而且是刑警隊的 —— 專在你做「壞」事後出現，家長是法官，孩子總成了被告……

在一次家長會上，一個上國中的男孩說，「家長除了關愛我以外，是世界上最不把我看成獨立存在個體的人，家長永遠只憑自己的直覺和自己的需要對我的行為做出判斷，因為他們永遠只是把自己的孩子當成他們擁有的一部分。」

是呀，被占有式的愛包圍著，孩子永遠找不到自我，在家庭中也永遠找不到公平和民主。這個男孩子說出了很多孩子的心聲，孩子需要被尊重，需要民主的家庭氛圍，需要自己獨立的空間。無人想一站在家長面前

就成了接受審判的對象，孩子們渴望獲得在家庭中的發言權，渴望和家長平等對話。

小平從會說話的那天起，就喜歡問「為什麼」，小平不停問，爸爸媽媽不停答、不停學習，與小平一起探究世間的奧祕。這種民主的家庭氣氛，給了小平一片思索的天地。小平上學後，也喜歡問老師問題。總之，無論在哪裡，她都能表露其真我的一面。

一次，小平從學校回來，進門就對正在看報紙的爸爸滔滔不絕講起自己的成績。原來她在模擬考試中發揮得很好，數學還拿到了全年級第一名的好成績。爸爸拍了拍小平的肩膀說：「做得好，不愧是你老爸的女兒。」

小平非常激動，接著又說了班上的情況，還說了其他同學的成績。看著女兒興奮的樣子，爸爸實在不願意打斷她的話匣子，心想讓她高興也好，畢竟入學以來她第一次取得這麼好的成績。於是配合女兒激動地講述，分享女兒快樂的心情。第二天，爸爸才提醒女兒不要太得意，因為馬上就要真正的考試了。

小平的爸爸不愧是個開明的家長，他在對待孩子的教育問題上，總能「放開手」，因而創建了一個民主和諧的家庭氣氛，對小平的健康成長大有益處。

我們在追求社會民主的同時，不能忽視家庭民主的重要性，更不能忽視家庭民主在家庭教育中的作用，一個家庭的民主氣氛表現在尊重孩子的個性發展，尊重孩子的發言權、參與權，不把孩子當作私有財產，而是把孩子當作一個有獨立人格的個體來尊重。對孩子要事事用商量的口氣，並且給他們自己做主的權利，家長的任務只是給予指導，而不是替孩子作決定。在民主平等的家庭氛圍中，家長和孩子之間才能相互信任、相互理解、相互尊重。要知道，千百萬個民主家庭才能匯聚成一個民主平等的社會。

家長要創建民主和諧的家庭氣氛，應從以下幾方面做起：

第一，不要濫用家長權威。

家長不要老是禁止孩子做這做那，不能要求孩子無條件服從。重要的是鼓勵孩子去參加有益的活動。

第二，家長要信任自己的孩子。家長不要胡亂猜測，武斷下結論。

如果孩子的同學告訴你，你的孩子打了人，或是拿了別人的東西，你不要隨意搜孩子的口袋，而是要耐心聽孩子講出事情的前因後果。否則，孩子會因為受委屈，慢慢地和家長疏遠，變得不信任別人，不願說真話。如果孩子真的做了錯事，那就不要放過第一次，要好好進行教育。

第三，家長要尊重孩子的人格。

家長切勿粗暴傷害孩子的自尊心。有時孩子在同學面前說說大話，不要一概斥責撒謊、不誠實。由於孩子年齡小，容易把幻想當現實，家長要幫助孩子分清是非。有時孩子想要修理壞了的玩具，結果沒成功，家長不能採用譏笑的態度：「你不是很厲害嗎？」更不能在陌生人面前讓孩子下不了臺，傷害孩子自尊心。久而久之，孩子就會變成一個不求上進、自暴自棄的人。

第四，明確告訴孩子擁有的權利和義務。

孩子作為一個獨立的個體，作為家庭一員，應該擁有自己的權利，同時，也必須承擔一定的義務。因此，家長應明確地告訴他，他擁有哪些權利和必須承擔的義務。

第五，家長要多和孩子接觸。

家長儘管很忙，但也要抽出一定的時間和孩子坐在一起或晚飯後散步，或在柔和動聽的音樂聲中，相互交流一天的見聞。也可和孩子一起畫畫、講故事、做遊戲等。這樣家庭氣氛會頓時愉快起來。

第六，不要在孩子面前互相攻擊。

當然，並不完全禁止家長在孩子面前吵架，有時候家長的爭吵也會讓孩子感受到感情的複雜性，學習面對家長真實的情感，有利於孩子情感的細膩、全面發展。但家長絕對不能在爭吵中相互攻擊，這些充滿攻擊性的言辭不但對解決夫妻矛盾沒有幫助，還會給孩子帶來恐懼、不安、懷疑。

▌要教會孩子自立自強

現在的一些家長，對孩子的愛缺乏理智，愛得太過火。孩子飯來張口、衣來伸手不說，對孩子提出的要求無論是否合理，一律應允。過分溺愛的結果，往往事與願違。所以，為了培養聰慧、勤勉、堅強的下一代，家長應盡可能藏起一半的愛，培養孩子自立自強的能力。

有這樣一則寓言故事：

小蝸牛問媽媽：「為什麼我們從生下來，就要背這個又硬又重的殼呢？」

媽媽說：「因為我們的身體沒有骨骼支撐，只能爬，又爬不快。所以要這個殼的保護！」

小蝸牛又問：「毛蟲姐姐沒有骨頭，也爬不快，為什麼她卻不用背這個又硬又重的殼呢？」

媽媽笑了笑說：「因為毛蟲姐姐能變成蝴蝶，天空會保護她啊！」

小蝸牛皺著眉頭說：「可是蚯蚓弟弟也沒骨頭爬不快，也不會變成蝴蝶。他為什麼不背這個又硬又重的殼呢？」

媽媽摸了摸小蝸牛的頭說：「因為蚯蚓弟弟會鑽土，大地會保護他啊！」

小蝸牛哭了起來：「我們好可憐！天空不保護，大地也不保護。」

第一章　愛孩子從解放孩子開始

媽媽安慰小蝸牛：「我們有殼啊！我們不靠天，也不靠地，我們靠自己。」

不論多麼強大的靠山，總有靠不了的時候。只有教孩子自立自強，學會依靠自己，做家長的才不用擔心孩子有一天會失去「靠山」。

自立自強不是華麗的皮囊，而是幫助孩子披荊斬棘的銳利武器。很少有人能陪伴孩子的一生，明智的家長會選擇讓孩子的心靈與身體一起成長。不僅讓孩子的個子越長越高，同時教孩子學會用自己的頭腦來創造價值，也就是要教孩子學會自立自強。

自立自強是一種自我生存的意識和能力，也是現代人追求的心態。「教孩子自立自強，不僅對社會有好處，而且對孩子自身的健康發展也有利。孩子有了自立的意識和能力，便比較容易適應社會，把握機會，發展自身。

孩子的成長誰也代替不了。將來的風風雨雨必須要他親自經歷，未來的路也必須靠他自己走出來。因此，我們應該給孩子的成長創造條件，創造鍛鍊的機會，而不是凡事包辦代替，做孩子的代言人。所以說，教孩子自立自強需要家長理智的愛。在你把自立自強的武器交到孩子手中的那一刻，就意味著你更好地擔起了對孩子的責任。因為能夠放手讓孩子追尋自立自強之路的家長，才是真正愛孩子的家長。

德國一貫重視培養孩子「勤奮、正直、可靠、樂於助人、作風正派」等品格。因此，家長們從來不包辦孩子的事情。家長將子女視作獨立的個體，給他們足夠多的個人空間，讓他們獨立去完成他們自己應該做的事。如：在孩子 1 歲左右，家長就鼓勵他們自己捧著奶瓶喝牛奶，喝完了，家長對孩子加以讚許，使孩子充分體驗到「自己事情自己做」的樂趣。隨著孩子年齡和能力的增長，家長再引導他們完成一些更難的事情。德國的法

律規定，孩子到 14 歲就要在家裡承擔一些家事，比如要替全家人擦皮鞋等。德國人常說，他們的首要責任就是讓孩子懂得，一個人走向社會最終要靠自己。因此，家長應該教會孩子自立自強。

培養孩子自立自強有多種方法：

- **第一，孩子自己的事情自己做**：作為家長，在孩子需要家長的幫助才能完成的時候，家長不給予幫助，這是家長的失職。然而，當孩子有獨立完成這件事情的能力時，家長就應要求孩子獨立完成這件事。試想，如果孩子沒有摔倒了能重新站起來的勇氣和毅力，他如何去生存？如果孩子離開了家長的呵護，他會生活得很糟，那他如何去競爭？

- **第二，教孩子處理問題**：讓孩子自己解決問題，不僅培養了他的自主意識，還提高了他分辨是非的能力。在孩子辦錯事或自己能處理事情時，盡量讓他們自己處理或參與，讓他們成為主角。有個小朋友和母親到鄰居家裡做客，小朋友把鄰居小孩漂亮的橡皮擦偷偷放進了口袋裡。母親看到後沒有說什麼，而是給她講了一個故事，讓她說說故事的寓意。這個小朋友想了想說：「如果拿了別人的東西，就應該還給別人。」事後，她把別人的東西悄悄地放了回去。

- **第三，培養孩子責任感**：培養獨立的孩子，要著重在培養孩子的責任感。家長可以適當讓孩子品嘗一下做事不負責任的苦果，孩子如果不斷受到後果的懲罰，他自然就會提高警覺，下次做事情的時候自然就不會馬馬虎虎、草率了事了。增強孩子的責任心，家長平時就應該注意培養孩子做事有始有終、負責到底的良好習慣，交給孩子去做的事情，不管是大是小，家長都要全程監督，發現問題及時糾正，絕不允許孩子做到一半就隨意放棄，要直到孩子從頭到尾、認認真真把事情做完做好才可以。

第一章　愛孩子從解放孩子開始

第二章　啟蒙教育切忌揠苗助長

　　亞洲人十分注重啟蒙教育，稱自己的啟蒙學校為母校，可見其地位之高。可是，隨著社會的不斷發展，啟蒙教育在現在表現出越來越功利的一面，很多家長從孩子出生的那一刻起，就開始了對孩子的培養計畫：不到 1 歲開始識字、學算術，剛會說話就背唐詩、學外語，2、3 歲開始學樂器，4、5 歲就開始學小學課程，國中就參加大學的外語考試……的確，在這些家長眼裡，他們所做的一切都是早期智力開發，以為這樣孩子就可以受益了，孩子就不會輸在起跑點上了。殊不知，家長們的這種強迫性早期教育，使一些孩子沒有了童年的歡樂，缺少了對現實生活的體驗。

　　古語云：「欲速則不達。」急於取得教育成果只會讓教育結果與教育者的初衷相背，導致孩子難以健康發展，甚至還會傷害孩子的心靈，引發多方面的心理問題。所以，家長對孩子的啟蒙教育，切忌揠苗助長。

啟蒙教育並非越早越好

啟蒙教育是對孩子能力的教育、開發和培養，可以給孩子的未來提供一個更好的生存、發展環境。可是，有些家長把啟蒙教育理解為多認識字、會算簡單算術、會說幾句英語，這就有失偏頗了。有些家長甚至在啟蒙教育中「揠苗助長」，因此給孩子的健康成長埋下了隱患。要知道，孩子是慢慢養大的，家長不能追求一時的速度與效率。啟蒙教育應該尊重孩子的天性，順應孩子的發展，不能操之過急，慢慢來才適當。

過早的啟蒙教育帶來的危害還有很多，比如，它使一些孩子沒有童年的歡樂，缺少對現實生活的體驗，更嚴重的是影響孩子正常生活。同時，讓孩子接受不適合的教育，會使孩子在心理和性格上出現問題，最終可能導致思維混亂和創新能力的喪失。有專家指出，家長強迫小孩子改變自己的生活習慣，會讓他們感到無所適從，而限制孩子太多活動自由，無形中也成了一種「心理虐待」。

其實，從表面上看，沒有家長不重視孩子的健康，所謂的「心理虐待」也並非家長們故意所為。但是當過度啟蒙教育成為現實，必然以「剋扣」孩子睡眠、減少玩耍時間、限制社會交往為代價，而不顧及孩子自身的成長需求，這是一種對孩子健康權的隱性剝奪，往往被孩子某些暫時的積極表面所掩蓋。

孩子的啟蒙教育是教育的第一階段，啟蒙教育的成功，構成了孩子教育的扎實基礎，這是避免孩子在未來的成長過程中，在學業、行為等諸多方面產生許多讓家長憂心問題的最根本且有效的途徑，啟蒙教育做得好，對孩子成長有很大的促進作用。

那麼，家長應怎樣正確實施啟蒙教育呢？

第一，啟蒙教育要順應孩子的成長規律。科學的啟蒙教育的確有助於

孩子發展，但令人遺憾的是，家長往往忽略孩子的大腦發育情況和接受能力，片面地進行超越孩子年齡階段的「智力開發」。孩子成長的不同階段，其生理、大腦發育程度都顯著不同，這代表特定年齡的孩子，只能接受相應的教育開發，而不能任意接受超前的知識灌輸。

第二，為孩子創造輕鬆愉快的成長環境。孩子的天性是玩，在玩中對事物產生的認識也是學習。家庭教育要鬆緊有序，不能不顧孩子身心發育特點，過於嚴格管制孩子，強行給孩子灌輸知識。相反，應給孩子創造一個輕鬆愉快的氛圍，這更有利於他們的健康成長。

第三，多讓孩子接觸外界，包括人與自然，早期的孩子需要更多自然的方式去接受新鮮事物。

第四，不要盲目追求時髦和流行，不要把成人的想法強加給孩子去實現。

是的，啟蒙教育應該引導孩子認識世界的本來面目，讓他對世界萬事萬物予以關心；應引導孩子認識社會，了解過去、現在和將來；引導孩子知道如何適應社會、如何做事以及隨機應變的能力；培養孩子好想、好問、好學、好實踐的習慣；培養孩子自我判斷和自我學習的能力；培養孩子善於觀察、善於思考、勇於探索的個性；培養孩子發現、發明、創造和創新的興趣。所有這一切，才是啟蒙教育最主要的、最重要的工作任務。

▌不要急於取得教育成果

古時候宋國有個農夫，種了秧苗後，便希望能早早獲得收成。

每天他到稻田察看，都覺得那些秧苗長得非常慢。他等得不耐煩了，心想：「怎麼樣才能使秧苗長得高、長很快呢？」想了又想，他終於想到一個「最佳方法」，就是將秧苗拔高幾分。

經過一番辛勞後，他開心扛著鋤頭回家休息。他對家人得意洋洋宣布：「今天累壞了，我幫助秧苗長高了一大截！」

他兒子趕快跑到地裡去一看，秧苗全都枯死了。

「揠苗助長」這個寓言故事，我們早已耳熟能詳，可是，在家庭教育過程中，家長卻常常忘卻了它的內涵，不自覺扮演著那個「拔苗」的人——總是急切盼望那棵「苗」快點長成棟梁。有這種心理的家長往往會以自己主觀意願，強迫孩子向既定方向前進，孩子稍有怠慢，家長就會恨鐵不成鋼。

教育成果需要等待，愛需要放慢腳步。讓愛放慢腳步，是以人為本的教育理念。其實，家長只要能從愛的角度出發，真正從心裡尊重孩子、關愛孩子，尋求適合他的教育方法，看上去慢了，卻能收到意想不到的效果。讓愛放慢腳步，孩子會在家長的等待中得到信心、勇氣和力量。

最近，曉星好像變了一個人。爸爸無論如何也想不到兒子會對自己說出「我要殺了你」這樣的話。事實上，在爸爸的嚴厲管教下，曉星3歲不到就會背近百首唐詩，4歲就對馬路上的汽車品牌如數家珍。不得不承認，小時候的曉星是一個人見人愛的孩子，而這可愛的背後，卻是爸爸近乎嚴苛的灌輸型教育方式。

在曉星上三年級時，他突然出現了「妥瑞氏症」的症狀，身體發生抽動的同時，對學習也徹底喪失了興趣。已經退學的曉星目前正在接受心理輔導和藥物治療。

可以說，曉星之所以出現妥瑞氏症和厭學情緒，是爸爸對孩子教育不當造成的。面對林林總總的早期教育課程、教材，家長恨不得讓孩子掌握所有的知識。家長望子成龍的心情可以理解，他們都不願意讓自己的孩子輸在起跑點上，於是給孩子報各種才藝班，這種做法其實只是無謂的腦力

重複勞動，並容易讓孩子產生厭學情緒。據調查，20％的兒童過動症、妥瑞氏症伴有厭學情緒，是由不適當的早期教育所引起，而且這個比例正在不斷上升。

古語云：「欲速則不達。」急於取得教育成果只會讓教育結果與教育者的初衷相背，導致孩子難以健康發展，甚至還會傷害孩子的心靈，引發多方面的心理問題。

「可憐天下父母心。」家庭教育裡有這樣一句話：沒有教不好的孩子，只有不會教的家長。其實，一個孩子是否成功，70％在於良好的家庭教育。很多家長談到教育孩子時很急，而專家認為恰恰是家長的這種急，造成教育孩子的方法不當，結果適得其反。如果不改變一下方式，等到孩子真正的叛逆期，情況也許更糟糕。

近來，有專家提出「慢速培養孩子」的觀點。也就是說，希望把孩子培養成才的家長，必須具備的一個條件是：凡事不能操之過急，要懂得等待。這對於很多家長來說，可以說是一個忠告，要知道，當今社會，不少孩子已為「儘快」成長付出了慘重的代價。

現在大家都在提倡「不能讓孩子輸在起跑點上」，其實這是一個很片面、有些急功近利的口號。身為家長，應給每一棵草開花的時間，給每一個孩子證明自己價值的機會，不要盲目地拔掉任何一棵草。

教育孩子要等待「花期」，教育的過程就是尋找最恰當教育方法，和最恰當教育時機的過程。孩子和那些破土而出的草一樣，在心理、生理上都是稚嫩的、富於變化的、很不穩定的。耐心地保護、尊重孩子的人格和自尊，靜靜看他們證明自我、展示自我，這樣可以幫助孩子更好地發現自我價值，充分使用他們主動成長的內在動力，充分實現自我價值，這才是家教成功的祕訣。

▋愛玩是孩子的天性

　　孩子的天性是愛玩，他們對周圍的事物十分感興趣，還特別喜歡在戶外活動。可是有的家長怕孩子碰著、磕著，整天把孩子關在屋裡，限制孩子的活動，認為這樣比較「保險」。其實，這會使孩子失去啟動大腦、開發智力的機會。根據大腦功能定位學說，人體手、腳等各器官的每塊肌肉，在大腦皮層上都有相應的「位置」。手、腳等器官上肌肉活動越多、越豐富，就越能激發各自相應的「位置」，擴大「位置」在大腦皮層中的面積，也就越能開發大腦潛力，發展人的智力。人們常說心靈手巧就是這個道理。

　　同時，孩子到了一定的年齡，隨著思考和動作的發展，產生了「自己動手」的要求，不滿足於什麼事情都由大人代理，這時，如果家長還是什麼事情都不讓孩子做，就會使孩子失去鍛鍊雙手的機會。久而久之，不僅影響孩子的智力發育，也不利於培養孩子的獨立生活能力。

　　有這麼一對年輕夫婦，總是抱怨孩子笨，還懷疑孩子心理不正常。為此，他們帶孩子去請教一位專家。誰知道這位專家和孩子交談後，給夫婦開了這樣的家教偏方：「一張笑臉，兩句鼓勵，三分野餐，在草地、河邊、陽光照耀下全家一起食用。『藥』不分劑數，週六、日常用。」

　　原來，這位專家和那個小男孩交談了一個多小時，發現孩子頭腦清晰，反應靈敏，用詞準確，壓根看不出孩子有什麼不正常。孩子向專家透露：「我每天的生活很枯燥、乏味，早上吃完飯就上學，放學回家吃完飯寫作業，然後睡覺。星期六還要去補習班上課，有空還要練吹小號。好不容易爸媽說帶我出去玩一天，爸爸又說有事。我現在就想玩。」他還悄悄告訴專家：「你別跟爸媽說，我很想看動畫，爸媽一回家就打開電視看股市，不讓我看。」根據孩子的訴說，專家得出結論：孩子一切都很正常，

不正常的反倒是孩子家長，於是為家長開出了上述家教偏方。

很多家長對孩子的學習都很重視，一遇到孩子貪玩，便「嚴」字當先。殊不知，玩是孩子的天性，世上有些發明就是天真兒童「玩」出來的。

16 世紀末，荷蘭一位眼鏡商有一個聰明好動的孩子。這個孩子經常到磨鏡房玩耍。一天他和磨鏡片的工人一起玩鏡片遊戲，他把近視鏡片和老花鏡鏡片放在一起，想看看鏡片的變化。他一下拉開一點距離，一下又放近一點。當他一前一後舉起鏡片向前望時，不由得驚喜大叫起來。原來，透過兩層鏡片，遠處的景物被拉近了。眼鏡商人從兒子的遊戲中發現了鏡片奧妙，望遠鏡就這樣發明了。

不讓孩子玩，等於在泯滅他們的天性，也讓孩子失去了創造的動力，一切創造發明都無從談起。這一點往往是家長容易忽視的。事實上，玩是孩子的天性，是孩子的權利。聯合國《兒童權利公約》規定：「兒童有權享有休息和空閒，從事與兒童年齡適當的遊戲和娛樂活動，以及自由參加文化生活和藝術生活。」由此可見，玩對孩子是多麼重要。

孩子一生下來，就開始透過玩來了解世界。玩，不僅有助於拓展孩子們的想像力和創造力，還可以培養他們堅強的毅力和互助精神，增加他們與人交往的機會，以及學會理解他人、控制自己的能力。

所以，在孩子「玩」的問題上，家長一定要從以下幾方面做起：

- **給孩子寬鬆的環境**：只要沒有什麼危險，孩子玩耍時盡量不要干涉他。中國作家老舍先生有一套與眾不同的教子「章程」，其中有一條：「應該讓孩子多玩，不失兒童的天真爛漫。」他深得順其自然之妙，認為孩子畢竟是孩子，應從孩子的觀點出發，給他們營造一個自由的小天地，不必規定過多。

- **給孩子玩耍的空間**：不要以為孩子太小，不需要自己的空間，並且會將空間弄得亂七八糟。其實，孩子也需要自己的遊戲空間，一個好的遊戲空間，能吸引孩子想玩的動機。
- **鼓勵孩子和別的朋友一起玩**：家長不可能整天陪著孩子，但是可以鼓勵孩子和別的朋友一起玩。孩子們有共同的語言和愛好，因此他們也很樂意一起玩。在和其他孩子玩的過程中，家長可以教孩子一些怎樣與人和睦相處，如何處理臨時衝突等知識。
- **與孩子共同制定作息時間**：有的家長按照自己的意願給孩子制定作息時間，孩子無法執行或者根本就不願意執行。家長應該讓孩子參與制定過程，因為孩子最了解自己，只有他最清楚自己能否做到。
- **玩和學要結合**：有些家長總希望孩子學習，一看到孩子在玩就特別不高興，甚至出面制止。這不是明智的做法，因為孩子有可能因此產生厭學情緒。家長可以常常帶孩子出去玩一玩，或者讓孩子和別的孩子一起玩，不能讓孩子連續學習很長時間。

▌讓孩子在玩中學習

　　有一位兒童學專家認為，家庭教育中最重要的是不要亂給孩子灌輸術語和公式，而是要誘導他們自由發揮出潛能。對於孩子來說，最佳的誘導方式就是玩耍。

　　玩耍是所有動物的本能，在玩耍中，孩子的各種潛藏的才能會一一被激發出來。世界著名心理學家席德斯（Boris Sidis）對兒子教育都是採取玩耍方式進行的。針對兒子的各種潛能，他還為兒子設計了五花八門的遊戲，比如繪畫遊戲、音樂遊戲、造型遊戲、語言遊戲、表演遊戲、智力遊戲、創造性遊戲、體育遊戲等等，同時，他還時常在與兒子的玩耍中，盡

力使兒子的潛能完全發揮出來。

在一次旅行中，小席德斯毫不費力掌握了一個物理學原理。

坐在火車車廂裡的小席德斯指著窗外說道：「爸爸，那些樹木在飛快向後跑。」

席德斯笑著對兒子說：「不，那不是樹木在向後跑，而是我們坐的火車在向前跑。」

「不，我認為火車並沒有動，而是窗外的樹木。」小席德斯天真說：「因為我在這裡坐了很久，但沒有發現火車有什麼變化，反而外面的東西都變了。這不是代表窗外的東西在動嗎？」

「那麼，假如現在你不在火車上而是在窗外的話，你會怎麼想呢？」

「這個嘛……」小席德斯想了想說，「一定是我向後跑，就像那些樹木一樣。」

「你能跑那麼快嗎？」

「是呀，我能跑那麼快嗎？這有點奇怪了。」小席德斯充滿疑問。

「雖然你不能回答這個問題，但我仍然向你表示恭喜。」

「什麼？恭喜我什麼？」

「你今天發現了一個物理現象，當然應該祝賀啦。」

「我發現了一個物理現象？」兒子不解。

於是，席德斯耐心講解：「你剛才發現的，正是一個參考物的問題。你說窗外的樹木在向後跑，是因為你把火車當成了參考物，對於火車來說，樹木的確是向後移動了。反過來，如果把樹木當成參考物，火車就是向前跑了。」

「噢，我明白了。難怪我會認為火車沒有動呢！因為我把自己當成了參考物。火車帶著我向前行駛，我們一起在運動，當然就不會感到它也在

動！」小席德斯說道。

這樣類似的討論在父子之間進行過許多次。也正是這種看似閒聊的討論讓小席德斯在輕鬆和有趣之中，學到了晦澀的知識。

強迫孩子學習，知識不容易被孩子理解或記住，在玩耍中孩子反而更容易掌握知識。

那麼，如何讓孩子在玩中學習呢？家長應注意以下四點：

· **設置安全的心理環境**：孩子對陌生的環境既有好奇心，又有恐懼感。他們渴望接觸新事物，但在遇到新事物時往往表現得縮手縮腳。因此，在玩的時候提供安全的心理環境，即設立民主、寬鬆、和諧、自由的氛圍顯得十分必要。家長對兒童的行為要給予尊重、鼓勵和引導，切記不可出現「電腦很貴，不能隨便摸、隨便動，否則要賠償」之類的措辭。要讓進入房間的兒童，不會感受到什麼壓力，而且就像進入一片自由天地。這樣，孩子才有安全感，才能大膽去玩，從玩中體驗到快樂，不斷激發嘗試的欲望。

· **保持玩的熱情**：孩子的天性是活潑、好動，而缺點則是注意力集中的時間不長，容易喜新厭舊。因此對千篇一律的玩法，容易產生厭倦感。針對這種情況，除了遊戲必須形式多樣，最重要的是讓孩子體驗成功，從而產生新的動力。比爾蓋茲（Bill Gates）說：「沒有什麼東西比成功，更能激起進一步求得成功的努力。」

· **要玩出問題**：提出問題比解決問題更重要，我們就是要培養孩子善於在玩中發現問題、提出問題。在玩的過程中，家長不能以成人的思考方式來限制他們玩的內容和方式，而應該讓兒童在無拘無束的玩耍中，不斷提出各式各樣的問題，鼓勵他們突發奇想。比如在學習使用橡皮擦時，家長只需要簡單介紹橡皮擦的用法，然後放手讓孩子

玩「走迷宮」（用橡皮擦順著蜿蜒曲折的線路，擦出一條通向目的地的道路）等遊戲。有的孩子嫌進展太慢，提出「有沒有更大的橡皮擦？」有的孩子說雪白的路不好看，問「能用彩色的橡皮擦，擦出彩色的路嗎？」還有的孩子根本不往迷宮裡走，而是想著怎樣往迷宮牆上貼一塊塊彩色的瓷磚。這些在玩中自然產生的問題，引導孩子自然而然去學習新知識。

· **要玩出花樣**：蘇霍姆林斯基（Vasyl Sukhomlynsky）說過，人的內心有一種根深蒂固的需求 —— 總希望自己是發現者、研究者和探索者。兒童的這種需求特別強烈，他們總是期望自己的智慧和力量得到印證，自己的創造獲得讚許。在玩的過程中，家長並不需要告訴孩子們「你要創新」，而適時引導，讓他們自然玩出花樣、玩出創意來。

不宜過早學習英語

「學習英語對孩子的一生來說都很重要。我每週送孩子去幼稚園一兩次，讓孩子從小感受英語氛圍。」一位孩子才幾個月大的媽媽這樣說。

現在，不少家長把 1 歲都不到的寶寶送到全英語式的幼稚園，希望從小培養孩子的語感和聽力。更有一些媽媽在懷孕時，就透過胎教讓孩子學英語。如果孩子到了三四歲，還沒送他們去補習班學英語，就會讓一些家長感到壓力很大，擔心將來自己的孩子英語比不上別人。

對此，美國梅爾·萊文（Mel Levine）教授指出，過早學習英語，只會讓孩子混淆口音。在孩子第一語言基礎還不好的情況下，就盲目、隨意、過早教孩子第二語言，可能導致孩子思維混亂。美國曾做過一項研究，專家組分別對 6 歲、8 歲、10 歲、12 歲和 14 歲開始學英語的孩子進行追蹤研究，結果發現 14 歲的孩子英語學得最快、最好。年齡越大的孩子接受

越快，他們能理解詞彙真正的意思，並掌握好第二語言的語法結構。

　　過早學習英語反而不利於孩子學好母語 —— 一般來說，母語掌握過程和幼兒大腦、聽覺器官、發音器官等的發育同時進行，母語習得是在自然環境下進行的。掌握英語也需要在這些器官發育完善的基礎上進行，而且由於環境所限，英語只能在非自然的條件下學習，如透過課堂學習。這是值得關注的重要差別。一個出生 6 個月的嬰兒，無論如何也模仿不出一句簡單的話語，而青少年或成人學英語時卻可以模仿老師，即使不懂意思，也能模仿一些複雜句子。這說明生理基礎決定了英語學習應該是在器官發育到一定階段，並掌握了一定母語基礎上進行。

　　從心理功能方面看，在母語習得時期，幼兒的感知能力與認識能力還在形成過程之中，幼兒是透過周圍的真實語言環境，無意識學習母語。到學習英語時，青少年已具備模仿能力，是在課堂上有意識學習英語。例如，由於感知能力與認知水準的局限，幼兒早期的詞彙中「汪汪」不但表示狗的意思，而且用以指稱所有的狗、玩具狗、甚至有狗圖案的拖鞋、穿毛皮衣服的老人照片等。這時，他無法理解「這個玩具狗很像真的狗」之類的句子。在母語習得時期，打亂無意識的母語習得規律，強行加入一些有意識的英語學習，只會讓幼兒對兩種語言的概念系統產生混淆。一味追求幼兒「早學」、「多學」、「學深」和「學快」，只會適得其反，弄巧成拙。

　　所以，只有讓孩子在適宜的年齡階段學習英語，才能對孩子語言和思維能力的發展有幫助。

　　第一，培養孩子學習英語的興趣。興趣是最好的老師。家長首先要做的就是培養孩子學習英語的興趣，讓孩子初步具備簡單日常交流的語言應用能力。孩子學英語重點是累積大量聽的經驗，在此基礎上初步發展口頭表達能力，所以字母的背誦、單詞的拼寫、句式的強記不應成為學習的主

要內容。另外，家長應保持足夠的清醒和耐心，容忍孩子的沉默，接受孩子的延遲模仿行為，不要從一開始就催促或強迫孩子說或寫，以免傷害孩子的學習積極性，把英語的學習當成苦差、負擔。

第二，幫助孩子建立起第二種語言的基本概念。如果孩子沒有建立起第二種語言的基本概念，那麼他到了少年或成年時都可能使用母語的發音來學習第二種語言，這樣的學習不僅毫無趣味，更不能達到很好的學習效果。因此，不應用「母語方式」教孩子學英語，要與孩子正確、流暢說英語，才能幫助孩子建立起第二種語言的基本概念。

第三，把英語學習與孩子的日常生活、遊戲結合起來。學齡前的孩子學習英語無需像小學生一樣正式上課，只需將孩子的英語學習與日常生活和遊戲結合起來，與孩子經常自然、準確、流利說第二種語言就夠了。家長要注意，孩子英語學習內容最好是他感興趣的、熟悉的，例如畫畫、扮家家酒等，而學習的過程要能充分安排孩子的視覺、聽覺和身體活動。

總之，在早期教育中，家長要讓孩子在適宜的年齡學英語，同時還要循序漸進教孩子。掌握英語要建立在理解的基礎上，而不是讓孩子囫圇吞棗或對孩子強行灌輸。

▌培養孩子的觀察力

觀察是一個人認識事物的重要途徑，是智力活動的基礎，是完成學習的必備能力。沒有敏銳的觀察力，就談不上聰明，更談不上成才。細心是培養觀察的基本要求，準確是觀察習慣的根本，全面是觀察的基本原則，發現特點是觀察的目的。

但現實生活中，有許多家長不注意培養孩子的觀察力，沒有把培養觀察力放在應有的位置上。這樣做最大的弊端就是抑制了孩子思考能力。俄

57

第二章　啟蒙教育切忌揠苗助長

國生物學家巴夫洛夫（Ivan Pavlov）說：「觀察，觀察，再觀察。」培養孩子觀察的習慣，對發展孩子智力是十分重要的。

巴夫洛夫說過，「在你研究、實驗、觀察的時候，不要做一個事實的保管人。你應該努力深入事物根源的奧祕，百折不撓探求支配事實的規律。」巴夫洛夫主張觀察不但要準確，而且還要達到透過現象看本質、努力深入事物奧祕的程度。

家長提高孩子的觀察能力主要應從以下幾個方面入手。

第一，視覺精確度訓練

視覺精確度是指在視野範圍內，看到並且準確區分物體的能力。

視覺精度訓練包括以下三種：

- **視覺探索訓練**：家長可以將孩子喜歡的一些食物、玩具，放在離孩子一定距離的地方，讓孩子看這些東西，並按從左到右或從右到左的順序，說出這些東西的名稱。如果孩子說對了，家長可以獎勵孩子一些小禮物。

- **視覺描述訓練**：家長可以讓孩子看窗外的景物，然後描述他所看到的景象。還可以把一些物體放在離孩子不同距離的地方，然後家長描述一件物品，例如有一個圓圓的、綠色的東西，請孩子指出來。逐步提高難度，可以讓孩子看圖畫書，然後根據書裡的圖畫講故事。

- **視覺理解訓練**：家長事先想好一種動物，如大象，然後不說話，只用動作表現出來，讓孩子猜家長表演的是什麼。如果孩子猜對了，雙方交換，由孩子來表演，家長來猜。

第二，視覺協調和追蹤訓練

視覺協調和追蹤能力，是指以協調的眼動跟隨和追蹤物體的能力。要求孩子在頭不動的情況下，眼睛可注視一個活動的物體。協調的眼動對閱

讀活動十分重要。孩子必須正確掌握用眼睛掃讀文字的方法，才能提高閱讀效率，增強閱讀水準。

視覺協調和追蹤訓練包括以下兩種：

- **一般協調訓練**：讓孩子安靜坐好，家長拿一顆球在孩子面前的地上滾動，要求孩子頭不動，只依靠眼球的轉動來追蹤球，同時嘴裡數數，數到球停下來為止。家長也可以將球做前後左右等不同方向的滾動。

- **方向訓練**：讓孩子坐好，家長將一支鉛筆放在孩子鼻子前面約 1 公尺遠的地方。先將鉛筆沿水平方向移動，從左到右，再從右到左，注意孩子追蹤時頭不能動，如果孩子頭動了，就在孩子頭髮上掛一張長紙條。待孩子能水平追視後，再進行垂直追視，也是先將鉛筆放在孩子鼻子前 1 公尺遠處，再上下移動。接著進行斜線移動、旋轉移動。孩子每動一次就掛一張紙條。這樣遊戲會變得十分有趣。當然，家長也可以與孩子交換角色來玩，在遊戲中不僅鍛鍊孩子的觀察力，又可以增進親子關係。

▎激發孩子的想像力

想像力是人類獨有的才能，是人類智慧的生命線。在創造發明和探索新知識的過程中，想像力是一切希望和靈感的源泉。想像力比知識更重要。因為知識是有限的，而想像力包括世界上的一切，並且是知識進化的源泉。

每個孩子都是極具想像力的天才。他們天馬行空、稀奇古怪的想法，其實正是想像力的火花。魯迅說過：「孩子是值得敬佩的，他常想到星月以上的境界，想到地面下的情形，想到花卉的用處，想到昆蟲的語言，他想飛到天空，他想潛入蟻穴。」

一次，電視裡正播出一個地板廣告，其中有一句廣告詞：「好地板自己會說話。」

後來的一天中午，正在吃午飯時，電視上又播出這則廣告，媽媽就順口說：「小淑，地板怎麼會說話呢？」

小淑說：「假如把自己想像成一塊地板，也許它們自己也會有家庭，也會有自己的生活呢！」

媽媽接著說：「是呀，有的木頭本身就是藥材，這藥材就是樹家族中的醫生，人們生病都會去找它。」

小淑聽了媽媽的話，有了更多的想法：「有的樹是歌唱家，小鳥的叫聲其實就是它練習唱歌。有的樹還特別有學問，人們叫它博士。」

媽媽趕緊點頭認同，並說：「這些樹都有自己的名字，你叫它們什麼呀？」

小淑想了一下說：「有兩塊地板，一塊來自智慧樹，是一個善良的女孩子，人們叫她艾麗絲，小學生的作業她都會做，每次都能考一百分；她的哥哥，另一塊地板，是用藥樹做成的，叫凡卡，能治很多人類治不了的病。」

媽媽聽小淑這麼說，也替小淑想像劇情，說它們喜歡穿什麼樣的衣服，妹妹還綁著一對辮子。兩人開心討論著，幾天過去，小淑將童話寫在紙上，故事名字就是《神奇的地板》，並唸給媽媽聽。媽媽聽了後，先誇女兒寫得好，然後指出不足，提出了具體的修改意見。

女兒聽了媽媽的意見之後，又改了很多遍，直到自己感到滿意，才讓媽媽寄給雜誌社，很快就被發表出來了。

孩子就是這樣，他們具有相當豐富的想像力，只要家長多鼓勵孩子發揮自己的想像，他們就能給家長許多的驚喜。想像力在孩子學習過程也有十分重要的作用。就拿孩子閱讀繪本來說，繪本的閱讀過程，就是一個與

繪本溝通、對話、交流的過程，是孩子充分利用自己想像力學習的過程，透過想像，孩子可以把書中的畫，在心裡轉化成為生動的故事。豐富的想像力不僅可以幫助孩子生動再現故事場景，體驗故事中人物的心理，還豐富了孩子的審美體驗。可以說，想像力是孩子靈感的源泉，呵護孩子的想像力是每個家長的責任。

第一，讓孩子多觀察生活。人的想像總是以自己腦中形象為基礎。頭腦裡的形象從哪來？是透過廣泛接觸事物、開闊眼界而來。反之，孤陋寡聞，頭腦中形象單調且少，想像自然狹窄、膚淺。因此，家長要從孩子小時候，讓孩子盡可能感受事物，並引導孩子全面、仔細而且深刻觀察，讓在孩子頭腦中累積大量真實的事物形象。

第二，讓孩子多聽故事。多聽故事，就是透過語言的描述，使孩子在頭腦中進行再次想像。因此，家長除了要讓孩子經常聽故事等，還要抽空多給孩子講故事。同時，啟發孩子自己多講故事。開始可以複述故事，漸漸自編故事，這對孩子的創造想像發展是大有益處的。

第三，讓孩子大量閱讀。如果孩子能夠自己看書，這對他想像能力的發展就更有利了。因為靠聽別人講故事，總有局限，如果自己透過視覺來閱讀，就可以經常進行再次想像。所以，只要孩子達到一定的識字量，就要及早指導孩子閱讀，而且還要多給孩子買些書，為孩子大量閱讀提供條件。

第四，讓孩子繪畫。從小教孩子畫畫，有助發展他的觀察力，也有利於想像能力的培養。因為無論畫什麼，總是先想像才畫出來的，即使三四歲的孩子，有時畫出的東西不像樣子，但仍然可以培養他的想像能力。

第五，讓孩子多實踐。經常讓孩子完成一些力所能及的任務，支持孩子多做一些自己喜歡的遊戲，讓孩子多想像，激發其成功的欲望，這都有助於孩子累積經驗、開發想像能力。

第六，豐富孩子的語言。儘管孩子的頭腦裡有豐富形象，但是如果沒有豐富語言，也難以形成豐富想像。所以，增強語言表達能力對提高想像力十分關鍵。

賞識孩子的塗鴉

孩子漸漸長大以後，開始喜歡塗鴉。他們常常拿著蠟筆或粉筆在紙上、地上、牆上隨意畫各種圖案。可是，在有的家長看來，孩子的塗鴉似乎沒有任何價值，也不明白他們所要表達的是什麼。家長甚至很煩惱孩子的亂塗亂畫，總是搶下孩子手中的筆，並呵斥孩子：「你不要再搗亂了，弄髒了怎麼辦。」

面對孩子的塗鴉，家長不應阻撓，反而應該大力鼓勵。孩子透過塗鴉感受這個世界，表達自己的內心。如果家長一味反對、干涉孩子塗鴉，會扼殺孩子對繪畫的興趣。

兒童時期是對一切充滿好奇，求知慾和想像力最活躍、最大膽、最率真的時期。孩子的畫裡充滿了童心、童趣和成人難以觸及的率真。孩子塗鴉是天性使然，需要家長靠興趣引導，塗鴉對兒童感知力、創造力的啟蒙，以及表現力和自信心的培養具有特殊優勢。

這一天，6 歲的曉秋在爸爸帶領下，參加幼兒繪畫比賽她從工作人員手中領到五顏六色的蠟筆和白紙後，曉秋開始創作。先是娃娃出現在紙上，接著是一艘小船，一個多小時後，曉秋的作品完成了。那種想像力，那種充滿夢幻色彩的童真，讓和曉秋朝夕相處的爸爸也大吃一驚。當得知女兒獲獎的消息後，全家人欣喜不已。

曉秋從一歲多就喜歡拿走大人手中的筆，在紙上亂塗亂畫，到了 3 歲時，這種表現更加強烈，有時曉秋找不到紙，就會在牆壁、桌子上塗抹。

歪歪扭扭的線條、沒有規則的形狀、微笑的鈕扣、長了翅膀的火車等，都會出乎意料出現在她的塗鴉作品上。後來，在幼稚園老師的建議下，曉秋在幼稚園附近參加了繪畫班，走進這裡，她彷彿走進了天堂，每週都要將兩幅色彩大膽濃烈、創意奇特的畫作帶回家，供大家欣賞。「看到孩子拿筆表達，千萬不要打擊，要鼓勵她、指導她，只有這樣她的想像力、創造力才會被激發出來。」指導老師對曉秋爸爸說。

從那個時候開始，爸爸開始注意女兒的塗鴉，也看到她不少得意畫作，並主動帶她參加了不少幼兒繪畫比賽，她的作品也在各個幼兒繪畫比賽中得了獎。

塗鴉看似很隨意，卻是孩子對身邊事物感興趣、想表達認識的一種行動。塗鴉在客觀上對增加孩子手、眼、腦的協調能力，和增加腦、眼對手的指揮能力有著巨大的促進作用。這種作用，是其他活動不能替代的。同時，透過塗鴉，可以激發幼兒繪畫潛能，讓孩子自己動手，留下童年的點點滴滴，自然培養孩子的藝術細胞及審美觀。另外，塗鴉也是家長與孩子溝通的橋梁，牙牙學語的寶寶，往往表達不清楚自己的需求，繪畫可以幫助家長了解孩子，增進親子關係，有助於孩子性情穩定發展及勇於表達自我能力。塗鴉還能幫助幼兒宣洩負面情緒，滿足幼兒在動作上自然發展的需求，培養幼兒的獨立性，提高孩子學習的信心，增強孩子發表、創造、審美與欣賞的能力。

要讓孩子自由地塗鴉，家長該怎樣做呢？這邊給家長幾點建議：

第一，設置情境引導孩子發揮想像。孩子塗鴉，家長喜歡用大人的思考方式來衡量孩子的作品，線畫得不直啦，畫畫得不像啦，甚至否決孩子創造性的好作品，不僅打擊孩子創作的積極，而且扼殺了孩子的創造性思考，而這兩方面恰恰是孩子作畫最寶貴的東西。

第二，鼓勵孩子發現不同、發現自我。每個家長都覺得自己孩子是最好的，卻沒有留意到他的獨特之處。男孩愛畫車、坦克、高樓，女孩則愛畫花草樹木；有的孩子落筆大膽，有的孩子則非常細膩。在此過程中，家長要大力讚賞孩子的特點。

第三，正確面對孩子的「失敗」作品。塗鴉是孩子的「另一種童言」，也是承接、釋放孩子情感的載體。當孩子塗畫出一幅幅「作品」時，面對他的傑作，家長說什麼、怎麼說，甚至家長的眼神、動作都會對他產生影響，令他信心百倍或讓他深感失落。因此，面對塗鴉中的孩子，必須正確面對他的「失敗」。

塗鴉最能展現孩子的真我、本能和個性，所以，家長應善待孩子的塗鴉，讓孩子快樂健康成長。

▌教育孩子要合群

1 歲以前的丁丁胖嘟嘟的，見人就笑，很討人喜愛。以為他會是個活潑開朗的孩子，沒想到到了兩歲，丁丁卻越來越安靜，總是喜歡躲在爸媽和爺爺奶奶身邊，不願參加同齡小朋友的遊戲，對別人給他的玩具也不敢伸手去拿。

很多孩子像丁丁一樣不合群，都是因為他們膽子小，而這往往是家長引導不善造成的。在現實生活中，家長總對孩子說「不行」、「不可以」等否定的話，這會使孩子從主動變為被動，從而更加依賴家長。有專家指出，一兩歲是孩子學習和模仿的重要時期，家長應該多鼓勵他們去嘗試，而不是禁止。然而，有的家長為了讓孩子不要亂跑，就會編一個被壞人帶走或被可怕動物吃掉的故事，結果令孩子睡覺總做惡夢，害怕外出，導致變得離群、孤單，對心理發育造成不利影響。孩子不合群還有另外一個原

因，就是家長長期嬌生慣養或放縱不管，使孩子非常任性，喜歡獨來獨往，很少想到別人。這樣的孩子長大以後很難與人合作，也很難適應社會。不合群的孩子大體上可以分為兩大類：一類為沉默寡言、孤僻、害怕陌生人；另一類為愛哭鬧、愛搗亂、愛惹是生非。

一般來說，不合群的孩子社會性發展差，長大以後，很難適應社會，更難以和他人友好相處、得到他人的諒解和友情。即使本人有一定的能力和遠大理想，也很難成就一番事業。嚴重者則形成孤僻、怯懦、憂鬱等不良人格。大量調查表明，合群的孩子在知識範圍、語言表達能力、人際交往能力等方面均明顯優於性格孤僻、不愛交往的孩子。

因此，家長一定要培養孩子合群的性格。那麼，從哪些方面做起呢？以下的建議值得參考：

第一，以身作則，為孩子創造一個良好的家庭環境。這主要表現在全家人和睦相處上，大人要關心小孩，子女要關心長輩，切忌以孩子為中心，處處圍著孩子轉，讓孩子淩駕於家長之上。同時，家長要尊重孩子，切忌隨意訓斥、打罵，要讓孩子在互敬互愛的家庭氣氛中形成合群的性格。

第二，家長要培養孩子的合作能力。家長可以交給孩子一些單獨難以完成的任務，鼓勵孩子與別人合作完成，或向家長求助完成，增加他與別人交流的機會。教孩子懂得一個人的力量很小，有些事情辦不到，而大家一起做事情就能完成了。

第三，鼓勵接受邀請與邀請的行為。不合群的孩子往往不喜歡接受其他小朋友邀請，如果家長發現孩子偶爾接受其他小朋友的邀請，即使是很勉強的，也要及時給予鼓勵。如果家長發現孩子由接受邀請變為主動要求參加其他小朋友的活動時，要給予鼓勵。這是不合群的孩子向合群轉變邁出的重要一步。與此同時，多為孩子提供交流的機會，鼓勵他主動歡迎來

玩的小朋友，並為孩子們提供交流的環境、遊戲場所和感興趣的玩具。家長一定要不厭其煩、熱情鼓勵孩子多參加團體活動，多接觸別的孩子。這種邀請別人的行為，一定要反覆鼓勵才會鞏固。

第四，訓練孩子的說話能力。交際能力的核心是說話能力，因為交際的最直接形式是說，不會說，說不好，怎麼交際？會說，說得巧，交際成功的可能性就大。家長可時常出些模稜兩可的辯論題與孩子討論；也可故意提出一些不正確或片面的觀點，讓孩子據理反駁；對孩子平時話語中的差錯，家長也可做必要的挑剔，讓孩子改正。平時，家長還要鼓勵孩子多參加演講比賽，鼓勵孩子上課或開會時積極發言。

第五，鼓勵孩子參加各種體育活動。體育是一種直接與人正面接觸和競爭的團體活動。不論是棋類還是球類，它總是要有兩個以上的人參與，才有競爭性。更重要的是，體育活動不但需要智慧和力量，還需要膽量。這膽量，正是人際交往所必需的。鼓勵孩子經常參加各種體育活動，既有利於孩子的體格，有利於培養興趣，也有利於提高交際能力。孩子一旦愛上體育，就會主動尋找對手，這種尋找，就是交際；合適的對手，往往就是友誼的夥伴。

第六，利用假日與孩子一起走出家門。外出旅遊、走向社會、走向大自然，可以增長見識，也可以培養興趣、開放胸襟。旅遊是一種開放性活動，交際也是開放性的，兩者是相通的。交際需要袒露自己，需要主動和熱情，一個沉默寡言、性格內向、不愛活動、自我封閉的人，怎麼會有很強的交際能力呢？在旅遊中，有時要買車票、住旅館、進飯店、買門票，假如家長讓孩子去做這些事，那麼，孩子就可以接觸到一些新的事件，了解新的交際內容，旅遊結束，見識廣了、話題多了，這又給孩子以後的交際增加了話題。

多為孩子說故事

喜歡聽故事是孩子的天性。美麗的白雪公主、勇敢的孫悟空……正是這一個個膾炙人口的故事，陪伴著很多孩子健康快樂成長。

故事之所以讓孩子喜愛，是因為它是一種文學藝術作品。它具有吸引人的故事情節，有生動的人物形象，有優美的藝術語言，有深刻的教育意義。經常講故事給孩子的好處很多。

英國廣播公司（BBC）日前報導，英國教育研究所的研究人員說，家長是否在孩子嬰幼兒時期經常給他們講故事，與孩子們日後的學習能力好壞有直接關係。這項由英國政府資助的研究，調查了 8,000 多名 5 歲兒童，在打基礎階段的情況，以及在學校學習一年後老師對他們的能力的評價，並對他們的認知能力進行了測試。研究結果顯示，家長如果能每天花些時間給孩子講故事，那麼這些孩子長大後行為出現問題的風險可能會降低。此外，如果家長能夠認識到在嬰幼兒時期開發智力的重要性，並每天在孩子身上投入一點時間，那麼孩子日後的認知和學習能力都會得到改善與提高。

日本最新一項研究也顯示：家長經常給孩子說故事，不僅能增進親子交流，還可以促進孩子大腦發育。孩子在聽故事的時候，大腦內側邊緣系統相當活躍，這個邊緣系統主要掌管人類的喜怒哀樂等各種情緒，家長在說故事的同時，孩子的喜怒哀樂等情緒會跟著生成發展，同時，家長的陪伴對於兒童情緒控管及腦部智商發育也有顯著影響。

家長別以為講故事很容易，給孩子講故事也是需要技巧的：

第一，要養成習慣。每天可以選擇一個固定的時間和場合，給孩子講故事。比如在每天臨睡前，為孩子講一些睡前故事，這樣可以培養孩子聽故事的習慣，一旦養成了習慣，就容易長期執行了。

第二章　啟蒙教育切忌揠苗助長

　　第二，讓講故事的過程變得有趣。家長在講故事的過程中，不要只是把這件事作為例行公務，語氣平淡的照唸，因為孩子雖然在聽故事，他同時也在學習，如果能夠同時使用他的各種學習器官，如眼睛、耳朵、鼻子、雙手、大腦等，就會吸引孩子的注意力。所以，在選擇故事書的時候，最好選那些圖文並茂的。在開始階段，以圖畫為主，色彩鮮豔，形式多樣，會吸引孩子的注意。同時，講述時不一定很快就進入故事情節，為了讓孩子感興趣、使他熟悉故事，媽媽可以先指著故事書上的各種小動物、各種物體、色彩，讓孩子尋找和辨認，等到孩子建立興趣以後就可以講故事了。同樣的故事，可以換不同的人來講，比如媽媽、爸爸、爺爺、奶奶，他們在講述的時候，語氣、語調都不一樣，孩子會覺得非常有趣。有的故事書，文字過於生硬，這時也不必拘泥於文字的限制，媽媽可以用孩子聽得懂的語言和方式，讓孩子明白。過於深奧或者不適合孩子聽的情節，完全可以省略，不一定要完全按照書本來講。

　　第三，善於安排懸念。為了讓孩子聽而有發，講故事中靈活運用懸念就十分重要。懸念就是掛念，它是孩子聽故事時，抱持著一種對故事發展和人物命運關切的心態反映。有人說故事是人類靈感的橋梁，懸念就是靈感集成的火花。懸念的引入，就是打破故事完整的格局，在關鍵處置疑，讓孩子按故事的脈絡去思考，探索餘韻。故事懸念通常有開篇懸念、情節懸念和結果懸念等。懸念的設置和運用，需要家長講故事前認真鑽研，懸念分布既可從故事內容的教育性入手，分解為情感懸念、問題懸念、事件懸念等；也可從故事的結構上設置，如層次懸念、連鎖懸念等。當然，講故事設置的懸念，是為了使故事跌宕起伏，增強故事的藝術感染力。不過，懸念設置頻率、深度要因孩子而異，不能因設懸念而讓孩子聽故事的興趣受損。一般情況下，講故事過程中設置的懸念，隨著故事的推進，都要揭開。

第四，讓孩子參與到講故事的過程中。每次講故事，都可以由孩子自己選擇想聽的故事。當孩子對於一個故事比較熟悉的時候，就可以在聽故事的過程中設計各種問題，鼓勵孩子回答和參與，甚至發揮孩子的創造力來改寫故事，比如問孩子，「這個故事叫什麼名字呢？」「後來怎麼樣了呢？你知道嗎？」等等。

第五，朗讀也是比較好的方法。朗讀可豐富孩子的詞彙，累積知識，使孩子的語言表達更加準確、生動。朗讀時，家長應用飽滿的感情，抑揚頓挫的語調吸引孩子。在講故事時可以提一些孩子感興趣又能增長知識的問題，也可以孩子提問，家長回答。這樣不僅可以提高孩子的興趣，激發他們的思維，而且能讓他們變被動為主動，提高孩子閱讀活動的積極性。

愛孩子，就多給孩子講故事吧！

▌要做孩子的榜樣

家庭是孩子最基本的生活和教育基礎，家長是這個教育基礎裡的老師，家長的一言一行，一舉一動，都有可能成為孩子的模仿對象。無數事例證明，孩子最初的行為習慣都是從家長身上學來的。

要對子女進行成功的教育，家長應先做出榜樣，正如列寧夫人克魯普斯卡婭（Nadezhda Krupskaya）所說：「家庭教育對家長來說，首先是自我教育。」孩子最初的行為習慣都是從家長那裡學來的。因此對於天真的孩子，家長要特別重視榜樣對孩子的巨大影響，時時刻刻樹立好的榜樣。

家長是孩子終生模仿的對象。家長的言傳身教，對孩子的心理發展和品性形成有非常重要的作用。教育專家研究發現，孩子不僅在模仿他們家長的生活方式，而且還和家長有同樣的習慣，如吸菸或運動等，並且男孩生活方式常常與父親生活方式更相似，而女孩則更可能模仿母親的行為。

第二章　啟蒙教育切忌揠苗助長

　　孩子在家庭的日常生活中，和家長朝夕相處，尤其未成年的孩子對家長的依賴性、模仿性最強，而這時家長在孩子的心目中威信最高。他們認為家長一切言談舉止都是最標準、最美好的，對家長的一切言行都有強烈模仿欲望。

　　著名學者、年過八旬的柳北岸先生不但精神奕奕，而且記憶力好得驚人。談起童年趣事，他一樁一樁說得眉飛色舞；聊及旅行趣聞，他一件一件講得興高采烈；說起讀書心得，他更是一則一則說得興味盎然。思路之清晰，描繪之生動，令人自嘆不如。他的兒子蔡瀾先生這樣評價父親：「父親不老，只因他終生讀書。」

　　柳北岸先生有一間書房，牆壁四周鑲嵌著高達天花板的書櫃，櫃內放滿密密麻麻的的書。對於他來說，一日不可無書。他的幾個孩子，分別是藝術界和教育界的佼佼者，他們都是手不釋卷的愛書人。這一個愛書的習慣，是柳北岸先生當年培養他們形成的。柳北岸先生回憶起如何教育孩子時說：「我買了大量的書，放在地上，隨便孩子們看。他們把書翻得亂七八糟，東南西北丟得滿地都是，我默默替他們收拾。隔一段時間，又買進另一批新書，任由他們翻。我從來不逼他們讀，可是，他們看我讀得津津有味，而滿屋子的書又伸手可及，一個個都自動地成了愛書人。」

　　在孩子面前，家長從思想品德到生活細節，都沒有小事。要教育孩子具有較高的生活品德，家長自己就必須先成為這樣的人；要求孩子積極進取、勇敢奮鬥，家長也要率先示範。只有這樣，才能對孩子產生積極、深遠的影響。

　　然而，遺憾的是，並不是每一位家長都知道這個道理。生活中，很多家長非但不能給孩子樹立起好的榜樣，還因為自己的壞習慣，影響孩子的成長。

有一個農婦老來得子，對兒子百般寵愛，不管孩子做什麼事情，做母親的都會大加讚賞，積極鼓勵。

有一次，兒子從鄰居家偷了一根針回來。母親一看，非常高興，稱讚她的兒子很聰明，很有出息。兒子得到母親的應允，就把偷當作一件樂事，經常從外面偷東西回家。

終於有一天，兒子因為偷東西被官府抓到。因為案情嚴重，兒子被當場判斬立決。行刑時，監斬官問他還有什麼要求。兒子淚流滿面，他要求再吸一次媽媽的奶。

母親走上刑臺，將乳頭放入兒子口中時，兒子一口將媽媽的乳頭咬下，並說：「媽媽，我是吃妳的奶長大的，如果在我開始偷東西時，妳好好地教育我，哪怕就是打我，也不至於今天讓我落得被殺頭的下場」。母親一聽此話，悔恨交加，痛哭不止。

孩子本無過，家長的影響和教育是孩子成長過程中的助推力，至於向哪個方向推，就取決於家長的自身資質、教育觀念和教育方法了。一個成功的家長必然懂得，即便我們培養不出曠世英才，至少也應透過自己的模範言行，從小為孩子奠定一生的品德基礎，逐漸形成在社會能夠終身受益的良好品格，讓勤奮、進取、理性、公正、民主、誠信、理解、同情、團結等成為孩子自我完善的目標。這就要求家長首先自我完善、自我約束。

可以說，家長就是一面時刻立在孩子面前的鏡子，你對孩子笑，孩子才對你笑；你對孩子好，孩子才對你好。孩子常常是透過「照鏡子」的方式，在不知不覺中修正自己的言行的。

17 世紀德國教育家福祿貝爾（Friedrich Fröbel）指出：「國民的命運，與其說是操在掌權者手中，倒不如說是握在家長手中」。是的，家長和孩子的親密關係，家長在教育孩子的過程中所居的地位和所起的作用，是任

何人都無法取代和超越的。因此，家長的一言一行都要給孩子做好榜樣，
這樣，孩子才能跟在家長後面學習他們的優點，移除自己身上的缺點。

第三章　別急著幫孩子「定型」

　　為人父母者，總是望子成龍、望女成鳳，從胎教開始，無微不至，生怕因自己的「瀆職」耽誤了孩子的前程。殊不知，這些美好的願望如一條條看不見的繩索，捆綁著孩子的天性，數不清的家長不自覺用同一個模式，塑造這些天性各異的孩子，顯然，失敗屬於這種家長。

　　其實，沒有一個道理是放到哪裡都適用的，教育也一樣。不能不顧孩子的個性，一廂情願按照自己的意願教育孩子。在孩子成長的漫長過程中，最重要的一點，就是要充分尊重孩子的個性，同時，家長在教育孩子前，要用心觀察孩子，這樣才能知道孩子的需求，才能了解孩子的長處和不足，才能讓他們自然成長起來……總之，家長千萬不要逆著孩子的個性，按自己的意願來訂定孩子的喜好。

▍孩子的優秀無標準

　　生活中，經常聽到許多家長拿自己的孩子與其他孩子進行比較，比較之餘，不免產生抱怨「你看人家 ×× 學習多好」、「你看人家 ×× 鋼琴彈得多棒」、「你看人家 ×× 一點都不用爸爸媽媽操心」……家長這種「恨鐵不成鋼」的心理是可以理解的。但是，自己孩子真的就不如別人孩子優秀嗎？其實不然，家長會有這樣的心理落差，是因為家長們總是喜歡拿孩子的短處和別人的長處比，這種比法對孩子來說是一種嚴重的傷害。

　　實際上，每個孩子都是優秀的，只是他們優秀的方面不一樣！比如，也許孩子畫畫得不好，但是他的歌唱得好；也許孩子字寫得不好，但是他琴彈得好；也許孩子成績不好，但是他熱愛勞動、熱心助人……這些難道不是優秀的表現嗎？如果家長僅以某一方面來衡量孩子，不免有失偏頗。

　　阿金從小就是鄰里孩子的榜樣。他在班上每科成績都得第一，人也比較懂事、乖巧。因此，老師特別喜歡他，家長也引以為豪。

　　阿金的變化是在國中以後。

　　經過自身的努力與家裡的關係，阿金終於考上了某知名大學的附中。在這所國中裡，人才濟濟，加上課業繁重，阿金慢慢覺得有些吃力了。

　　第一次期中考的時候，他居然排到了班級的第 11 名。這是前所未有的事情。這本沒什麼，畢竟這個班上的孩子都是頂尖學生，阿金能考出這樣的成績已經不容易了。可是這孩子自尊心強，受不了這個打擊，也不懂得判斷自己所處環境跟小學不同之處，一下子傻住了。

　　回到家裡一說，爸爸媽媽覺得臉上有些掛不住了，就狠狠罵了孩子。這讓阿金更覺得傷心。

　　後來的幾次考試，雖然阿金都很努力，但還是沒能像小學那樣考到第一，他有些失望了，對學習也失去了信心。

再後來，阿金因為成績太差，被學校勸退。為了不讓爸爸媽媽難過，更因為不想讓爸爸媽媽責打自己，他竟想出了先殺親人然後自殺的荒唐主意。

如果以成績來衡量一個人是否優秀的話，那麼，小學時期的阿金無疑就是家長眼中的優秀孩子，但也正是因為曾經的優秀淹沒了孩子的才智，最後迷失了自己。這是多麼慘痛的代價呀！

還有一個故事：

有一個男孩子，高中沒畢業就輟學回家，到父親所在的工廠當了一名工人。家長都感到沒臉見人，出門就怕談起孩子。

而這個讓他們很沒面子的孩子在工廠中很快就找到了自己的位置，在部門裡脫穎而出，當了主任。再後來，他又建立了自己的工廠，在事業上取得成功，成了一位小有成就的企業家。

這時，他的家長才了解，兒子雖然成績不好，但他同樣是優秀的。

這個故事的道理不言而喻，事實上，每個孩子都可以是優秀的，身為家長，我們在培養孩子方面要做的工作，就是讓孩子輕鬆愉快學習，發揮自己所有的潛在能力，讓孩子感到自己是成功的。這樣的孩子即使在班裡成績不頂尖，將來在社會上也會找到合適的位置。

對於我們的孩子來說，他的學習可以不好，但是，他不可以沒有自己。如果家長曲解了優秀的含義，一味要求孩子一定要考高分，一定要在班上考到前幾名，只會適得其反。孩子非但不會因為你的期望，達到你需要的優秀，還可能因此精神負擔太重，憂鬱、惶恐、沒有自信。最終，連自己的潛能都不見了！

所以，只有家長對優秀的概念有比較明確的了解，才能正確掌握培養孩子的尺度，讓孩子充分發揮自己的潛能。這樣，你的孩子不優秀都難。

如果你的孩子有以下的特點，你基本上可以認定自己的孩子是優秀的——

- 是一個人格健全，有旺盛的生命力以及蓬勃的鬥志的孩子。
- 能夠自己處理遇到的任何事情，不會總是寄希望於別人。
- 有很強的感受力，熱愛生活與生活中一切美好的東西。
- 有同情心，能體諒別人。
- 面對挫折的能力強，有上進心，有責任心，熱忱。
- 有自信心，自我意識強。
- 有判斷能力，不會盲目跟別人比較。
- 懂得自己在做什麼，有自己擅長的東西，並不一定學業成績優秀。
- 有很強的行動力、思考能力、自理能力和良好的心態。

總之，家長應該多角度地看待優秀這個問題。因為優秀從來不拘泥於哪一種方式，更沒有一個固定的型態。每一棵大樹都有它們各自的姿態，如果我們非要說哪一種姿態才是最美、最佳的，那顯然不切實際。

▌別扼殺孩子的個性

「世界上沒有完全相同的兩片葉子。」這恐怕是青春期孩子體會最深的話之一，也就是說，追求個性是青春期孩子的共同心態。這就告誡家長，不要總是急著為孩子「定型」，更不要隨意扼殺孩子的個性。

孩子沒有了獨立的個性，也就沒有了獨立的思想和獨立的言行，也就沒有了創造性和生存的競爭力。其實，不僅人類社會中每一個個體的獨特個性，和「能人所不能」的資質是其成為優勢生存者的唯一條件，在自然界中所有生物的生存法則也都同此理。企鵝、北極熊為什麼能在冰天雪地

生存？駱駝為什麼能在炎熱乾旱的沙漠中生存？正是因為牠們具備了「能人所不能」的生存能力，使牠們成為獨特環境的優勢生存者。

家長要想把孩子培養成為未來社會的優勢生存者，需要樹立的第一觀念就是：「讓孩子能人所不能。」，許多人都認為「能人所不能」是天才的專利，只有天才才能夠具有這種優勢。不少家長常常感到疑惑：「我為何完全看不出我的孩子有什麼能人所不能的地方？」、「我的孩子才 3 歲，能看出什麼能人所不能的地方？」難道「能人所不能」真的只是天才的專利？其實不是，每一個孩子都與生俱來的具有獨特的「能人所不能」，只是，這些都被家長忽略了。也就是說，只要家長重視孩子的個性、不隨意扼殺，孩子就能健康成長，並成為優勢者。

這是一位母親所寫的文章，很值得家長們深思 ——

那天，一位朋友請我和兒子到她家吃飯。吃飯的時候，她的兒子規規矩矩坐在那裡，等著大家一起坐下來。我的兒子卻如入無人之境，拿起筷子就吃。我感到很沒有面子，小聲地呵斥兒子，要等著大家一起吃。

兒子那天因為我的呵斥，吃了幾口就跑到一邊去玩了。朋友的兒子吃得很有教養，讓我羨慕不已。我覺得回去要好好管管兒子了。那天回家順手拿報紙瀏覽時，忽然看到一則小文章：一個小孩的家庭狀況，從他的吃飯狀態就可以看出來。規規矩矩吃飯的小孩，平時肯定受到了太多的約束；想吃就拿過來大吃的孩子，他的活潑天性還沒有被扼殺，而那些追著小孩餵的家庭，可憐孩子的胃和天性都要受苦了……

看到這裡，我用目光尋找兒子，他正在床上一下一下跳著，他想用手去碰那盞我從市場買回來的工藝紙燈。他正在自得其樂呢！要是以往，我肯定會吼他，但現在，絕不能這樣了。

這天，我沒有作聲。他感到好玩就讓他玩吧。

也許我們成人感到不再有趣的事情，在孩子看來很好玩，那為什麼不讓他調皮一下呢？

其實，青春期的孩子表現欲望極強。研究青春期心理的專家都這麼比喻孩子此時心態——他們把世界想像成舞臺，想成為美麗的公主或英俊的王子，吸引所有觀眾的目光。而王子和公主卻只有一個，所以他們就想盡各種辦法讓自己與眾不同，像衣著打扮另類、行為跟別人不同等。

孩子特立獨行最根本的原因在於他們希望獲得別人的肯定。按照美國發展心理學家愛利克‧艾瑞克森（Erik Erikson）的觀點，青春期的孩子開始尋找自我，在他們心中，自我分為兩部分：一是自己認為的自我；一是別人眼中的自己。而想獲得別人的關注和肯定比自我認知更重要。所以當社會崇尚個性和創新，大多數人都認為獨特是有價值的時候，孩子們就會認為「和別人不一樣就可能得到肯定」。

「上帝給了每個人獨特的指紋，同時也給了每個人獨特的潛質。」其實，孩子追求個性不是嚴重的事，更不代表不合群，甚至從一定意義上說，追求個性若掌握得好，對他們往後的工作很有好處。所以，家長不要一味打壓孩子，要讓孩子的個性得到自由發揮。

▌孩子有自己的天賦

美國心理學家指出：「一個人要成功並不難，關鍵是要有天賦作指引。」這話一點也不假，天賦就是天分，擁有天賦就等於掌握了成功的鑰匙。

所謂「天賦」，是指成長之前，就已經具備的成長特性，針對特別的東西或領域，有天生執念，讓他可以在同樣經驗，甚至沒有經驗的情況下，比別人更快成長起來。比如，所有媒體在評價麥可‧傑克森（Michael

Jackson）時都說：「他那獨特的聲音、創新的舞蹈，他驚人的音樂天賦和與生俱來的明星氣質，讓所有人感動！」「傑克森對後世最大的啟發是：音樂是天才的產物，他在藝術上的成就，天賦和遠見都是很少見的，他是世界賜予我們的禮物！」可以看出，當天賦被挖掘、被發現時，離成功就只有那麼一小步了。

瑪麗·居禮（Marie Curie）有兩個女兒：伊蕾娜·居禮（Irene Joliot-Curie）和伊芙·居禮（Eve Denise Curie）。她們都很優秀，都在各自的領域獲得了巨大成功。然而她們的成功應歸功於她們的母親，因為正是瑪麗·居禮第一個發現了她們各自的天賦。

瑪麗·居禮的家庭教育觀念是，發現女兒某種天賦領域的創造力，而不是硬背知識。

早在女兒們牙牙學語時，瑪麗·居禮就開始對她倆的天賦進行開發，她在筆記本上寫道：「伊蕾娜在數學上聰穎，伊芙在音樂上早慧。」女兒剛上小學，瑪麗·居禮就讓她們每天放學後，在家裡參加 1 小時的智力活動，以便進一步發現天賦才能。當她們進入塞維尼埃中學後，瑪麗·居禮讓女兒每天補習一堂「特殊教育課」：由保羅·朗之萬（Paul Langevin）教數學，或由沙瓦納夫教文學和歷史，或由雕刻家馬柯魯教雕塑和繪畫，或由穆勒教授教外語和自然科學。每星期四下午，由瑪麗·居禮親自教兩個女兒物理學。

經過兩年的特殊教育後，瑪麗·居禮覺得，伊蕾娜性格文靜、專注，迷戀化學，並立志要當科學家研究鐳，這些正是科學家所具備的特質。而伊芙個性活潑，充滿夢幻，瑪麗·居禮便先讓她學醫，然後再引導她研究鐳，又激勵她從事自然科學，可伊芙對科學不感興趣。經多次觀察，瑪麗·居禮才發現伊芙的天賦是文藝。這種不斷發現孩子天賦的家教理念，

讓伊蕾娜因「新放射性元素的合成」獲 1939 年諾貝爾化學獎，也使伊芙成為一位優秀的音樂教育家和傳記文學作家。

可見，天賦是人的一種先天具有、無師自通的能力。在母體中 8 個月的胎兒，對宇宙萬物中的聲、光、圖案、色彩、景物等已有著某種天然的感應。畢卡索（Pablo Picasso）對線條、色彩和空間就有天賦潛能，一旦作畫，就得心應手、一揮即成。當然了，有再好的天賦也需要發現，每個人都有可能在某個領域裡蘊含天賦。

每個孩子都有天賦，只是很多孩子的天賦從小就被埋沒了。家長應學會努力發現孩子的天賦：

第一，從興趣看天賦。兒童的興趣所在往往就是其天賦的突出點，那麼，家長在平時應注意觀察孩子是否不斷提出某一方面的問題，聚精會神聽某方面的講述，或津津有味談論某一領域的事情；是否主動參加或觀察某個活動；是否專心做某方面的小實驗；是否經常閱讀某一方面的書籍；是否特別珍惜某些物品等等。另外，家長可多與學校的老師聯繫，並與孩子一起玩耍、散步、旅遊，以便發現孩子的愛好與興趣。

第二，從行為看天賦。每個孩子在日常活動中都會有不同的表現，家長應隨時留心觀察孩子的靈性所在。所謂靈性，指孩子在某項活動中表現出色，優於其他同齡兒童，像是對某些知識一點就通，容易入門，學習積極性與主動性強，熱情長久不衰。如開始說話很早，對語言的記憶力較強，喜歡講故事，這代表孩子有語言天賦；如孩子愛聽車或船的鳴笛聲，以及其他有節奏的聲音與樂曲，學習新歌曲毫不費力，這代表他有音樂天賦；如對分類與圖形頗感興趣，擅長下西洋棋或跳棋，喜歡問抽象的問題，代表他有邏輯數學天賦，在數、理、化等學科方面有優勢；如愛提各種各樣的問題，對天文、地理和自然現象的知識感興趣，代表他有空間想

像天賦，長大後有可能成為自然科學領域的佼佼者。

　　第三，從性格看天賦。孩子的個性也是天賦的「顯示器」。密西根大學的專家在 20 年前對 125 名 3 歲到 10 歲孩子的母親進行問卷調查，依據孩子在和別人發生意見分歧時的態度，予以性格分類，並與現在的情況進行對照研究，發現那些意見一旦被否決就直掉眼淚的孩子，感情脆弱、敏感，日後大多數成為有藝術天分的人。相關人士的解釋是：這類孩子從不試圖解決衝突，因此長大後的內心世界比較豐富。而那些總想方設法在語言上達到目的、顯得自信的孩子，長大後許多人成了法官、新聞記者或律師。至於那些不經過深思熟慮就脫口而出、為證明自己正確而咄咄逼人的孩子，日後容易成為部門的領導者或管理者。

引導孩子樹立理想

　　巴斯德（Louis Pasteur）曾經說過：「立志、工作、成就是人生的三大要素。」人的一生主要依賴兩種姿勢：直立或躺下，由此衍生出兩種姿態：行動或夢想，而立志是事業的大門。所以我們說成功之路屬於有理想的人。只有理想充實的人，才會找到自己人生的重點；只有理想充實的人，才會精神飽滿迎接挑戰；只有理想充實的人，才會揚起生活的風帆，一路乘風破浪。

　　「理想是石，敲出星星之火；理想是火，點燃希望之燈；理想是燈，照亮夜行之路；理想是路，引你走向黎明。」家長引導孩子建立人生的理想與追求，有著重要又特殊的意義。古往今來，凡是有所成就的人都是從小就有遠大理想抱負的人。

　　當然，很多家長都明白理想對孩子的重要性，可是，在現實生活中，家長往往不懂得如何指引孩子建立理想。其中的錯誤，主要有：

第三章　別急著幫孩子「定型」

　　第一，家長理想成為子女理想。由於種種原因，有部分家長失去了讀大學的機會，現在把希望寄託在子女身上，讓孩子來圓自己的夢。他們往往以自己的社會閱歷和生活經驗告誡孩子，要把握機會，考入一流大學，進入熱門科系，搶占「金字塔尖端」，贏在「起跑點」上。在獨生子女時代的今天，甚至幾代人的理想都加在了一個孩子身上。如：有的家長說，「我們家各種職業都有，就缺醫生，孩子，你將來做個醫生吧，我那時考進了醫學院卻沒辦法讀，你將來做了醫生，我們家裡看病就不用煩惱了，而且醫生穩定，收入也不錯」。

　　第二，理想就是要找個好職業。有些家長認為孩子的理想就是找一個好工作，為找個好工作就必須進一流大學，選一個好科系，將來可以賺大錢。為此，好多家長熱衷於社會上的一些職業解析，哪個工作賺錢多就選哪個科系，把理想簡單看成是職業理想。其實，理想還有個人生活理想、道德理想，更重要的是有社會理想。這些理想，家長都忽略了。家長認為，要改變家庭經濟窘迫的現狀，唯一的出路就是讓孩子選一個好職業。

　　第三，脫離孩子現實的高期望。家長在引導孩子建立理想時，要實事求是，要以孩子的理想為理想，絕不能「一言堂」。此外，家長還要引導孩子腳踏實。理想不是空洞的口號，而是一生為之付出的努力。

　　行為心理學家認為，一個好的舉動如能堅持 21 天，就能成為一種良好的習慣，如能堅持 72 天，就能內化成為一個良好的品德。因此，家長應請孩子制訂長期目標：如高一孩子三年後的目標，十年後的目標；制訂短期目標：如學期計畫，月計畫，週計畫，甚至每天的計畫，要把理想化成一個個容易實現的小計畫。這樣，孩子不會覺得理想那麼遙遠、那麼空，一個個小計畫實現起來不難，有了信心，就容易完成計畫，最終實現理想。對孩子得到的每一個進步都要予以鼓勵，「啊！離目標又近

了一步，離理想又近了許多。」孩子在家長的激勵中會增強信心，磨練意志，覺得理想的實現並不是空洞遙遠的天方夜譚，只要努力，一切都成為可能。同時，家長要督促檢查孩子的計畫是否完成，在實施過程中不斷反思、調整、修訂計畫，使計畫不是形式主義，家長與孩子還要經常反思，目標有沒有完成，離目標還有多大距離，下一步該怎麼辦？家長也可以為孩子制訂一本反思記錄本，記載孩子每天得到的進步，以及還需努力的方向。還可以堅持進行「清晨六問」與「靜夜六思」，天天反思自己的行為。這樣可以縮短理想與現實間的差距，讓理想成為可能是完全做得到的。附上「清晨六問」、「靜夜六思」：

清晨六問

1. 我今天的目標是什麼？
2. 我的主要的大目標是什麼？
3. 我今天最重要的三件事是什麼？
4. 我今天準備學到哪些新東西？
5. 我今天準備在哪些方面進步一點點？
6. 我今天如何更快樂些？

靜夜六思

1. 今天是否完成了小目標？
2. 今天是否更接近了大目標？
3. 我今天又學到了什麼？
4. 我今天在哪些方面進步一點點？
5. 我如何才能做得更好？
6. 我明天的目標是什麼？

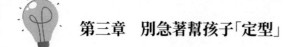

理想不分大小，只要對孩子的發展有利，對社會有利，家長就應該支援他。家庭是一個相互支援的系統，有家長支援對孩子來說就是無窮力量，實現理想就成為可能。反過來說，孩子實現了自己的理想，也就是實現了家長的理想。

不給孩子過度壓力

我們都在說要給孩子一個較高的期望值，有壓力，孩子才能進步。但是不是對孩子的期望值越高就越好呢？答案當然是否定的。每個孩子的情況都不同，有的孩子可能頭腦聰明，卻調皮淘氣，做事缺乏恆心和耐心；有的孩子可能踏實勤奮，卻不善言辭，做事方法不夠靈活。這種情況下，如果要求這個孩子必須做到那個孩子那樣，孩子必然難以做到。或者說，孩子剛剛學會走路，你卻要求他跑起來，這是不符合孩子的實際能力和實際情況的。

生活中總是有許多家長以教育孩子「嚴厲」、「高要求高」而標榜自己，實際上，對孩子的要求標準過高是弊多利少，長期下去，孩子的積極性和自信心必然會遭受傷害和打擊。可以說，目前家長對孩子的教育普遍存在以下幾個方面的錯誤，這是導致孩子壓力過大的主要原因。

第一，因果倒置，扼殺成長的快樂本質。教育的本質是為了讓孩子更好的成長，而成長的本質是不斷進步。進步本應伴隨著快樂。但實際上，我們的教育卻異常地沉重，令孩子無比辛苦。這樣的狀況之下，他們沒有快樂可言。越來越多的孩子不堪重負，選擇了逃避、叛逆，甚至走上輕生的道路。

第二，贏得起、輸不起。見賢思齊，無可厚非，但如果是在孩子本身已經過於在乎自己位置的時候，一定要學會給孩子鬆口氣。學習之道，貴

在有張有弛。孩子學習壓力過大，會緊張，會失去正常的學習與反應能力。時間久了會神經衰弱，甚至崩潰。但很多家長不懂這一點，唯恐壓力不夠，把孩子逼得沒有回頭路。長此以往，孩子真的輸不起、放不下了，一旦遭遇挫折，就會全面崩潰。

第三，南轅北轍，忽略興趣的作用。很多家長會為了給孩子增加「一技之長」，給孩子報很多才藝班，請一些家庭教師，學鋼琴、學美術、練舞蹈、練書法……忙得不亦樂乎。家長覺得這樣會給孩子的前途增加一些籌碼，但如此功利的一技之長，只是家長的一廂情願。對孩子來講，他們也許本來還對某些事物很感興趣，但這種東西一但成為負擔、一項任務壓在他們的身上，所有的不爽和牴觸都很正常。

第四，急功近利，不懂得循序漸進。俗話說，「一口吃不成胖子。」可是，一旦放在孩子的學習上，家長總是「貪吃」。成績不好的，想讓孩子一下子趕上來；已經挺好的，想讓孩子的優勢更大一些。因此，孩子的頭上，便有了很多不切實際的目標。

第五，忽視綜合資質，搭建學習的空中樓閣。很多孩子，正在逐漸失去學習以外的生活能力。說他們生活不能自理，絕非危言聳聽，心理脆弱、思考模式單一、見識短缺就更普遍了。家長們都認為，讓孩子拿出所有的時間來學習，至於其他的，以後可以彌補。殊不知，孩子的綜合資質都是在成長過程中一點一滴累積起來的。

所以，作為家長，在面對孩子升學、就業等問題時，自己首先要穩住陣腳，要科學釋放壓力。該讓孩子承擔的，就賦予他；不該讓他承擔的，就為他挪開。成長本身充滿樂趣，何必讓孩子無端品味那些沉重與艱辛呢。

家長對孩子高標準、嚴格要求，本無可厚非。但美好的期望一旦脫離實際，且化為固執的強求，那麼不幸就會不斷出現。

心理學上有這樣一個規律——期望越高，失望越大；反之，期望適當，才會令人產生很強的滿足感。這個規律用在家庭教育方面也同樣適合。如果家長對孩子的期望太高，那麼，即使孩子拿得了一定的成績，家長也會視若無睹，對孩子的表現一點都不滿足。這種不滿足的情緒波及孩子，使孩子產生焦慮、憂鬱、恐懼、自閉、表達能力差、注意力不集中、孤僻不合群等問題，體驗不到成功的快樂。其心理、情緒長期壓抑，得不到舒緩，最終可能導致孩子的心理扭曲，行為失常，甚至自殘、自殺、傷人等更嚴重的後果。這顯然與我們教育的原意背道而馳！

很久以前，羅馬有個小男孩因為學業成績不理想，整天鬱鬱寡歡。

有一天，父親把他帶上羅馬一座高高教堂的塔頂。到了塔頂，父親對他說：「往下看吧！親愛的孩子。」父親指著像蜘蛛網的街道說，「通向廣場的路不止一條，生活也是一樣。假如你發現這條路達不到目的地，那就走另一條路試試！」

衡量一個人的成功與否具有許多評價標準。這是一個多麼聰明、豁達的父親，他以一種恰如其分的方式，表達了自己對孩子取得成功的期望。

是呀，很多時候，如果我們能把自己的期望放低一點，與孩子的實際情況相吻合，讓孩子用力跳一跳就能夠得著目標。你就會發現，原來自己的孩子不必是「龍」，他可能是善於衝刺的「小馬」，也可能是耐力超群的「小牛」……可是，他們同樣很棒。

「天才計畫」要不得

現在的孩子活得越來越累，他們被迫參加各種自己根本不感興趣的才藝班。有的家長甚至想把孩子培養成天才，在孩子身上實現自己所謂的「天才計畫」。「累，累，累。」孩子就像一頭小羔羊，除了無謂的反抗，

就只能逆來順受。「我們都是為了孩子好，現在累是為了讓孩子將來不累。」幾乎所有家長都是這樣解釋的。他們總以為自己是天底下最愛孩子的人，其實都是天底下最自私的人：他們出於比較、虛榮心的需求，不停給孩子加壓，讓孩子在比拚中不斷超越。結果可想而知，為了成功，孩子失去了快樂，失去了幸福。

賽達斯曾是美國加州家喻戶曉的神童，父親曾是哈佛大學心理學榮譽教授，他在賽達斯出生前就準備進行一系列教育試驗。小賽達斯出生後，父親便在他的小床周圍掛滿了英文字母，並不斷對孩子發出字母的讀音。6個月後，奇蹟出現了，賽達斯已會讀全部英文字母。接著，父親又用各類教科書取代了兒童玩具，讓小小的賽達斯獨自學習。孩子過早成熟了，兩歲能看懂國中課本，4歲時已發表了4篇文章。6歲生日晚上，父親又讓兒子完成了一篇解剖學論文。父親如此過分施壓使賽達斯的神經系統開始失常，在不該笑的時候傻笑，父親竟然忽視這一個危險信號，繼續在兒子身上進行實驗。賽達斯12歲那年，破格進了哈佛大學，但他在16歲時的一次專題演講中，面對聽眾的熱烈鼓掌，竟轉過身去傻笑不止，隨後，他被送進了精神病院。儘管治癒後賽達斯又繼續上學，並取得優異成績，但他早已對父親的「實驗」和人們的捧場極為反感，非常希望過正常人的平凡生活。於是，他離家出走，並且改名換姓，在一家商店裡當普通店員。

賽達斯父親的「天才計畫」最終以失敗告終，他對兒子過高期望、過於嚴格的要求，以及過早的知識灌輸，給賽達斯造成了太大的壓力。在父親長期的重壓之下，一個身心十分幼小的孩子，終於承受不了發瘋了。

家長要遵循兒童的發展規律，按部就班發展智慧，為孩子的成長營造一個適合其年齡和個性的早期教育環境。在孩子的早期教育過程中，家長要注意以下幾點：

- **不要給孩子設定過高的期望值**：要讓孩子快樂成長，家長首先要有平靜的心態，降低期望值，給孩子減壓，根據實際情況和孩子一起制定合適的奮鬥目標。身為家長，應設身處考慮孩子的實際情況，照顧孩子的興趣愛好和實際能力，尊重孩子的意願，而不是盲目要求孩子按照成人預先安排的軌道成長，千萬不要硬性對孩子提出過高的期望和要求，此外，還要注意給孩子減輕過重的精神壓力。

- **允許孩子輸在起跑點上**：不少家長為了不讓孩子輸在起跑點上，為孩子報不止一個才藝班，有的孩子甚至從週一到週六每天課程都排得滿滿的。「童年是旅程，不是賽跑」，早期教育不應只看結果，而忽視孩子對學習過程的感悟和體驗。調查顯示，有越來越多的家長把送孩子去才藝班作為「贏在起點」的重要籌碼，但現實生活中「欲速不達」的例子並不鮮見。一些孩子在學前參加英語、思考訓練、語言訓練等才藝班，能熟練背誦唐詩，會 100 以內的加減法，但進入小學後卻成績平平，甚至發生學習困難。讓孩子奠定競爭優勢，不在於比別人早學、多學多少知識，而在於起跑後孩子持續學習和超越能力。所以，家長應該更多關注孩子的基本思考能力和行為習慣的培養，為其今後的持續發展奠定基礎。

- **把休息和遊戲時間還給孩子**：孩子在幼稚園一天活動下來，需要得到調整和休息，但現在才藝班的教學時間主要安排在週一至週五下午 4 點以後，長此以往容易使孩子身心疲憊。而且每次才藝班的活動時間過長，大大超過了幼稚園的活動時間，違背了幼兒身心發展的規律。調查顯示，80％左右的幼兒回家後要完成與才藝班相關的作業和練習，如做數學題、練琴、畫畫等。過於密集參加才藝班學習，勢必導致幼兒休息時間被占用，遊戲和交流活動時間也相對減少。

- **精心培養孩子的「理想之苗」**：對於孩子的理想，家長採取不理不睬或者揠苗助長的做法也都是錯誤的。如果家長們用這樣的態度，來對待孩子的理想之苗，那麼，也許孩子永遠也不可能建立穩固理想。正確的做法是鼓勵孩子建立理想，並為理想而努力。家長對孩子的理想之苗，要一點點培養扶持，要細心澆灌滋潤。

家長要學會傾聽孩子的心聲，「因為我是菊花，所以請別讓我在夏天綻放；因為我是白楊，所以請別指望從我身上摘下松子。」天下的家長都是愛孩子的，都希望自己的孩子健康快樂成長，所以在早期教育中，家長要放棄「天才計畫」的設想，用自己的平常心對待孩子，讓他健康快樂地成長。不要因為自己的虛榮心讓孩子走很多彎路，孩子的心靈本來應該裝滿天真和快樂，而不是沉甸甸的功名。

▌善待孩子的「出格」

在家庭生活中，孩子也許會在一件剛買來的白衣服上，或剛裝潢的房屋裡留下他的「美術作品」；也許會把剛買回家的電動玩具拆得七零八落；也許會在一盆水裡加上洗衣粉、食鹽、油墨，然後嘗嘗味道；也許會把家長剛丟棄的垃圾又搬回來亂弄⋯⋯對於孩子這些「出格」行為，很多家長多是斥責、痛打。雖然孩子是「乖」了，可是孩子的創造力卻可能受到了壓抑。其實，孩子的這些「出格」行為，是他在好奇心的驅使下探索世界的表現，其中孕育著豐富的創造因素。

在語言活動「我喜歡我自己」的最後一環節，為了讓孩子進一步認識、了解自我，大膽評價自我，樹立自信心，老師首先組織孩子互相討論：你有哪些地方值得自豪或你喜歡自己的哪些優點？孩子們討論非常激烈，曉潔說：「我喜歡我自己，因為我會講好多有趣的故事。」阿國說：

「我喜歡我自己，因為我認識很多字。」婷婷說：「我喜歡我自己，因為我會孝順爺爺奶奶」……對此，老師一一作了回應並表揚。

這時，一向活潑好動的圓圓把手舉得很高，示意老師叫她。老師遲疑了一下說：「圓圓，妳喜歡自己的什麼地方？」她站起來說：「老師，妳為什麼總是叫我們說優點啊，我爸爸說，每個人都有缺點，我想說缺點，大人有缺點，老師也有缺點」。孩子們嘰嘰喳喳議論開了。老師愣了一下，但並沒有阻止，而是給了大家半分鐘的時間思考。並說：「是的，我們每個人都有優點和缺點，包括老師也有缺點，比如老師經常會忘了小鈴鐺放在哪裡了，讓小朋友幫忙找，做事有時會忘東忘西。老師現在每天都在注意改正這個缺點，也請你們經常幫助我喔！」接著老師說：「那下面就請你們來說說不喜歡自己的什麼缺點，並怎樣改正吧。」孩子們聽後七嘴八舌討論起來了。

後來，老師總結說：「圓圓是一個很聰明但也很調皮的孩子，在活動中，經常會出現一些所謂的『出格』現象。但她今天的「出格」使我覺得這個活動更有意義。雖然我預設中沒有這個環節，但我想我以這樣的方式處理了她的這個『出格』。一方面保護了孩子的自尊，另一方面，可以用圓圓的問題，引導孩子們在談自己優點的同時，也勇於正視自己的缺點，缺點改正了，變成優點，孩子們的自信心會更強。假如當時我認為圓圓所提問題和我預設的目標相反，擔心會破壞課堂氣氛，不予正面解答而加以阻止的話，這樣做會扼殺了孩子的好奇心和探究欲望，不僅傷害到孩子的自尊，更撲滅了孩子創造性思考的火花。如此，不僅影響了圓圓一個孩子，而且全班孩子都會以此為戒，會在他們幼小的心靈裡萌發這樣的想法：『一切只能按老師的要求做。』」

現在的孩子接觸社會、接觸新事物更早、更廣泛，這使不少孩子容易

突發奇想，有意無意做一些「出格」的事。不少家長為此非常苦惱，甚至嚴厲斥責孩子。但是教育專家認為，只要孩子的「出格」沒有超出合理限度，家長都應該寬容對待，對孩子加以正確引導，引導他們的主動性和創造性，這樣才有利於將「出格」的孩子培養成才。

教育專家之所以沒有簡單否定孩子的「出格」行為，是因為適當的「出格」，有利於發展孩子的獨立創造性，有利於調節孩子的情緒，有利於培養孩子的求異思考，使其朝著富有建設性的健康方向發展。

那麼，家長應該如何正確對待孩子的「離經叛道」行為呢？教育專家為家長們提供了如下對策。

第一，正確理解孩子的「出格」。家長要知道孩子的一些「出格」行為，其實是對於自己生理心理成熟的一種嘗試性反應。絕大多數並非家長所想像的那樣，「孩子學壞了」，而只是孩子個體成熟的心理反映而已。

第二，正確應對孩子的「出格」。家長發現孩子的「出格」行為時，的確需要表明態度，但是，方式非常重要。應該給孩子一個平等對話的機會，避免因為簡單粗暴傷害孩子的感情，甚至激發孩子的叛逆心理，推動孩子走向家長希望的反面。建議家長在這個時候，可以採取「主動式聆聽」，最好由父親來處理兒子的問題，母親來處理女兒的問題，這樣共同語言會多得多。家長可以坐在孩子身邊，主動和孩子聊聊這方面的問題，可以告訴孩子自己在這方面的一些經驗和體會。

第三，用溝通交流走入孩子的心扉。交流、溝通是走進孩子心靈的最好方法。面對「出格」的孩子，和他們進行良好溝通是引導他們的必要前提，每個家長都應該提高自己和孩子交流溝通的能力，只有如此，才能夠走進孩子的心扉，摸透孩子的想法，才能採取具有針對性的、高效率的教育方法。

▍別把孩子的特點當缺點

　　每個孩子都有各自的特點，有的孩子好靜，有的孩子好動；有的孩子愛學，有的孩子貪玩；有的孩子內斂，有的孩子活潑……這些都是孩子各自的特點。可是，我們的家長往往會給那些好動、貪玩的孩子貼上壞孩子的標籤，這明顯就是錯誤的做法。教育的一個重要原則就是重視差異性，差異性使整個世界文明得以發展，重視差異性具體而言，就是別把孩子的特點當缺點。

　　常有家長感嘆現在的孩子太難管了，有些孩子竟敢公然挑戰家長的權威。其實，並不是好孩子越來越少了，而是家長太不會欣賞和尊重那些勇於對家長說「不」的孩子，把孩子們的特點都當成了缺點。我們更應當反思自我：我了解孩子嗎？我尊重孩子了嗎？我知道孩子在想什麼嗎？

　　不了解孩子，就不能正確看待孩子的特點，教育就可能出現問題。讓我們解析以下兩個案例，以進一步說明。

　　案例一：

　　明明今年上小學一年級，最近老是鬱鬱寡歡的樣子，不願意上學了，也不和媽媽講和小朋友們的事情了。經媽媽一再追問才知道，明明在課堂上拿了鄰桌的遊戲機，被老師和同學們稱為「小偷」！

　　事實上，小學一年級孩子還沒有分清自己和別人東西的能力，由於無法辨別，出現「拿東西」情況很正常，這是兒童生理發展水準決定的。明明拿鄰桌同學的遊戲機，可能只是出於好奇，想拿著玩一下，並沒有占為己有的意思。因此，對於孩子偶然「偷」走別人東西的做法，老師不能小題大做，過早給孩子貼上「小偷」標籤。在眾人面前道歉會使孩子失去自尊心，產生自卑心理，嚴重的有可能患上「社交恐懼症」、「上學恐懼症」，有的甚至還會發展成為不良行為，影響孩子一生。

　　保護孩子自尊心尤為重要。比如老師應該私下找孩子談話，和孩子講道理，引導孩子把東西還給失主，並進行適當溝通，不要否決孩子的品行；家長也要做心理輔導，了解孩子拿別人東西的動機是什麼，可透過減少孩子零用錢，讓孩子自己用零用錢賠償等方法，讓孩子學會承擔責任，意識到這種行為不對的地方，下次要避免等等。

　　案例二：

　　梅梅已經 4 歲了，最近讓媽媽極為苦惱的是，她愛咬指甲，媽媽為此採取過很多方法，如戴手套、抹藥水、轉移注意力等，但最後都以失敗告終，導致梅梅對媽媽也很不友好。

　　看到孩子咬指甲，很多家長不是無奈就是憤怒。心理學家佛洛伊德（Sigmund Freud）將出生後第一年稱為「口腔期」，並指出吸吮是孩子的一種本能，是孩子用嘴對手的一種探索行為，說明孩子支配行動的能力，達到了手、口動作相互協調的智力水準。此外，這一行為對穩定孩子的情緒有很大作用，但如果 3 歲以上的孩子仍在吃手，就得在身體發育或心理發展方面找原因了。

　　孩子體內缺少微量元素如鋅、鐵等，會引起異食癖，誘發吃手；壓力過大或缺乏安全感時，可能透過吃手來降低焦慮，放鬆心情；孩子感覺無聊、好奇心和模仿心理促使，也容易養成吃手的癖好。家長如果強硬制止孩子吃手，會給孩子心理上造成陰影，長大後容易焦慮、發脾氣，缺乏基本的信任和安全感。為此，家長可透過檢查微量元素、多陪伴孩子，留意孩子心理需求，了解孩子吃手的動機，來幫助孩子進行糾正。

　　家長要接受孩子的獨特之處，給孩子更多的尊重和信任，用心去發現孩子的特點，培養孩子的特點。那麼，如何才能承認每一個孩子都有特點，並且尊重孩子的特點呢？下面給家長幾點建議：

第三章　別急著幫孩子「定型」

- **用心去發現孩子的特點**：家長要相信，並不是只有成績好的孩子才會有出息。有的孩子不喜歡讀書，如果一味強求，也很難有大的改觀。因此，家長平時應該多多觀察孩子，看看他對什麼最感興趣，在哪些方面有天賦，及時發現孩子的特點。

- **承認孩子的差異性**：每個孩子的性格和特點都是不同的。有的孩子好靜，有的孩子好動；有的孩子愛學，有的孩子貪玩；有的孩子內斂，有的孩子活潑……這些都是孩子各自的特點。許多家長喜歡把自己孩子跟別人孩子進行比較，而且總拿自家孩子的短處跟別的孩子的長處相比。這樣做實際上是忽視了孩子之間的差異。家長應該接受並承認孩子之間的差異，幫助孩子學會取長補短。當孩子做出一點努力，家長就要給予及時的、具體的鼓勵。如果家長不能承認、接受孩子的特點，孩子就無法從你們那裡得到鼓勵、讚賞和幫助，相反還很有可能被壓制、批評、挖苦。其實，一點點鼓勵與讚賞，就可能成為孩子成才的星星之火，孩子身上的優點就會慢慢多起來，這是教育孩子的一個重要方法。

- **把孩子的特點變成特長**：家長發現孩子的特點後，不要打擊和壓制孩子，可以針對這些特點，引導孩子不斷地發揮與運用，鼓勵孩子將自身的特點變成特長。

- **與孩子多交流**：家長要經常與孩子進行心靈的溝通，才能了解自己孩子，知道孩子在想什麼，最喜歡做的事情是什麼。家長只有了解了孩子內心的想法，了解了孩子的喜好，才能更好理解孩子、尊重孩子。

孩子都有自己的特點。家長應該及時發現孩子的特點，並加以引導。只有承認每一個孩子都有特點的事實，才能正確理解孩子，促進孩子的健康成長。

▎別說傷害孩子的話

也許你從來沒想到過，自己隨便說出來的一句話，會對孩子心靈產生多巨大的影響。你所使用的語句可能讓孩子更加樂於合作，更加自信，但也可能令他們感到挫敗和失去信心。

因此，身為家長，應該多說能解決問題並讓孩子快樂的話語，別說出那些傷害孩子的話。

提起對孩子的傷害事件，人們首先想到的是被人搶劫、勒索、欺負、性侵害以及被家長或教師體罰等等。但是對孩子而言，他們怕「軟」傷害遠勝過這些「硬」傷害，在他們的心中，排在第一位的傷害是軟性的「語言傷害」。

這是一位作家筆下的鄰居：

我的鄰居有個調皮的兒子盧克，大家都認為他很調皮，不聽話，我卻不這麼認為。當盧克跟小朋友們玩時，和普通的孩子沒什麼兩樣，而一旦鄰居出現，他表現就不一樣了。像是孩子們在沙地上正玩得高興的時候，只聽見鄰居在遠處喊：「盧克，你要是再把衣服弄髒，就別想吃晚飯了！」盧克看了一眼已經髒兮兮的衣服，就繼續挖沙子玩。過一會兒，拉金斯太太又喊：「盧克，回家吃飯了！你再不回來我就不管你了，你這個不聽話的壞孩子！」她這種叫喊經常沒有任何結果，每次都會以小盧克被她強行拎著耳朵拽回家收場。她的做法，別說是一個孩子，就是一個成年人也會無所適從，怎麼可能不產生叛逆心理？

家長在動怒的時候，往往口無遮攔。因為是對自己的孩子，覺得有資格罵，所以多難聽的話都能說出來。有時覺得說得越難聽，越能提醒孩子注意。其實，他們怎麼能想到，許多話是有嚴重後果的，絕對不能說出口。一旦說出，對孩子就會造成嚴重的傷害。

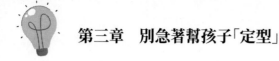

第三章　別急著幫孩子「定型」

　　一個人最重要的是什麼？是尊嚴！假如連尊嚴也被隨便踐踏，他還算一個獨立的人嗎？孩子雖小，但一樣有生存的權利、做人的尊嚴。忽略孩子的基本權利，這樣的家長是不合格的。

　　很多家長可能會說：「孩子是我生我養的，我為什麼不能說他？」沒錯，是你給了孩子生命，給了他生存的保障，但生他是你自願的，養他則是你的責任。孩子不是家長的附屬品，也不是家長的奴隸，家長有什麼權力剝奪孩子的尊嚴呢？

　　家長不妨靜下心來想一下，假如自己在家長的辱罵中成長，你會是什麼心情？那是何等的痛苦、難受呀！

　　自信、自立的基礎是自尊。一個在羞辱中長大的孩子，他的自尊是殘缺的，他的內心是自卑的，將來，他如何有信心面對生活和事業？一個從小失去尊嚴的孩子，長大後會堂堂正正做人，抬起頭來走路嗎？假如你不希望你的孩子將來像奴隸一樣，那麼就把尊嚴還給他！

　　家長要避免對孩子「語言傷害」，並不是件難事。下面的建議，供家長參考。

　　第一，要清楚意識到「語言傷害」的嚴重程度。

　　第二，要多鼓勵孩子，採用積極語言教育孩子，時時刻刻注意不對孩子說傷害他們的話，尤其是在「恨鐵不成鋼」或生氣的種種情況下，更要保持理智，控制好情緒，努力做到循循善誘。

　　第三，研究批評的藝術，要以提醒、啟發來代替指責、訓斥。例如用「我相信你可以做得更好」鼓勵孩子有更努力的動機，用「沒關係，慢慢來，盡力而為」幫助孩子調整焦慮、緊張的情緒等等。

　　第四，要做好自我調整，以平常心看待自己的孩子，根據孩子的生理、心理特點，因材施教。

俗話說得好，「良言一句三冬暖，惡語傷人六月寒。」同樣是語言，功效卻截然不同。家長們若要好好教育孩子、關愛孩子，就該多用「良言」，禁用「惡語」，以免對孩子造成「語言傷害」，釀成無法挽回的過錯。身為家長，為了孩子，從現在開始，改變自己的說話方式吧。以下這些話語請一定要避免：

- 滾！
- 煩人！
- 你考這樣就滿足了？？
- 我數 1、2、3，不然我就打了喔！
- 你再粗心試試看！
- 再敢頂嘴，一巴掌打死你！
- 你不想活啦！
- 孩子，我們全靠你了，你可要賺大錢呀！
- 沒有為什麼，我說不行就不行！
- 造反了你了！
- 閉嘴！你怎麼就是不聽話呢？
- 屁股癢了是不是？
- 這麼大了，一點出息也沒有！
- 你考這麼差，對得起我嗎？
- 不好好學習，跟乞丐有什麼兩樣？
- 你笨得像豬一樣！
- 等你長大就知道了。
- 你不聽話，我不要你了！
- 好了，我再也不要管你了！

- 你看人家 ×× ！
- 我快被你氣死了！
- 你很討人厭！
- 你怎麼總是跟人不一樣？
- 看你爸爸回來不剝了你的皮！
- 怎麼養了你這麼不聽話的孩子！
- 你不想想是誰給你飯吃的。

▌不對孩子下否定預言

　　面對令自己頭痛傷心的孩子，很多家長都認為：孩子一無是處，沒有一點長處，完全沒有才能。這樣的想法是十分不可取的。任何孩子都會有自己感興趣的目標，如果能使他們的興趣得以發展，他們一定能在這個社會找到屬於自己的一片天空。有許多名人在小時候也很調皮，傷透了大人的心，可是，他們的家人從來沒有對他們失望過。所以，家長一定不要輕易對自己的孩子下否定的預言。

　　可以說，一個孩子是在周圍人的肯定或否定評價中認識自我，尋找方向不斷前進的，家長對他們的評價至關重要，肯定的評價會使孩子獲得愉快心理體驗，產生好的激勵作用；否定的評價會使孩子心理不愉快，一方面可能反思問題，努力改正，但另一方面也可能減弱自信，產生自卑。任何孩子渴望被別人肯定的心理需求，都大大超過被否定的心理需求，這就是為什麼家長要堅持以表揚、激勵為主的原因。

　　一個人的前途是很難預料的，今天有很多的成功企業家，在三十年前、二十年前還是農家子弟呢。一個人的成長，除了取決於主觀的因素外，還取決於外部條件和環境。同樣，一個孩子未來的人生道路很漫長，

一個不管現在多麼平淡無奇的人，只要對將來抱著「前途大有可為」的希望，就會激起無窮的力量。

據最近的一項社會調查顯示，不少孩子犯罪就是因為在家受到家長的藐視，而產生了挫折感。於是產生了破罐子破摔的想法而自暴自棄。這是因為不論孩子的年齡大小，家長對他們前途的否定，都會對他們造成極大的打擊。尤其是年齡較小的孩子，家長講的話，對他們更具有絕對的權威性。即使沒有產生什麼不良的後果，在人格上也會形成極大的負面影響。

有一個上國中一年級的孩子在日記裡這樣寫著──

小時候爸爸媽媽對我非常愛護和體貼，讓我感到生活是那麼的充實，又是那麼的愉快。可長大後，你們都像變了一個人，不但不理解我，還時常否定我，使我覺得無地自容。

記得一次數學考試，因為那時奶奶剛剛去世不久，媽媽心裡萬分難過。可我偏偏又沒考好，回到家後，我害怕地從書包拿出考卷，然後小心翼翼放在桌上。您看了後竟然大怒：「78 分，怎麼考得這麼差？你以後註定考不上大學。」您大喊著，我嚇了一跳，一下子哭了起來。「還有臉哭，你只能做乞丐。」我聽了哭得更厲害了。我因為生氣，拿著考卷，快步走進房間裡，「碰」的把門關上。事後我覺得這樣也不對，於是就去向您認錯。

誰知道，我剛想認錯，您就對我說：「去旁邊，你這個乞丐！」這句話使我深感痛心，我想這不過是一次小小的考試，難道我真的就那麼無可救藥了嗎？我心裡亂七八糟，覺得什麼都無法挽回。忽然之間，我覺得自己成了一個廢人，再也沒有變好的機會了。我只能無力地推開自己房門，靜靜地坐在那裡。

像這樣的事情，還有很多，也因為這樣，我的家庭變了，變成了一個經常吵架的家庭。

第三章　別急著幫孩子「定型」

親愛的爸爸媽媽啊，你們對我的了解還太少太少，我不希望在一個總是被責備、否定的環境中生活。我想有個快樂的童年，也希望我們家能像以前那樣溫馨快樂。

所以，身為家長，不要因為看到孩子3歲了還不會說完整的話，就懷疑他智力是不是有問題；不要看鄰居孩子會背唐詩、會計算，就埋怨自己孩子怎麼還不會；不要看到孩子小學上課注意力不集中，大腦就亮起了「紅燈」：會不會是得了過動症呀？於是四處求醫問藥；不要看到孩子考了80多分，馬上神經繃緊，急急網上求詢：我的孩子成績不好，怎麼辦！我都絕望了！

愛迪生（Thomas Edison）上學才3個月就被老師強制退學，如果他的母親也和老師一樣對愛迪生失去信心和耐心，那麼就不會有今天的發明大王；愛因斯坦4歲多還不會說話，上小學後也被認為智商不足，但他父親耐心的鼓勵，一直促使他不斷取得進步；美國歷任總統中，堪稱好學的威爾遜（Thomas Woodrow Wilson）到9歲才學會26個字母，12歲才識字；小時候的達爾文（Charles Robert Darwin）在父親的眼裡簡直是遊手好閒之輩，整天和狗玩、抓蟲子，但最後父親還是放棄讓孩子學醫的願望，而把自己融到孩子的愛好中去……諸如此類的例子還有很多。

其實，孩子的希望不是毀在他自己手裡，而是最先毀在他家長手中——因為他家長首先失去信心了。所以，永遠不要對孩子失去信心，要認真看待孩子成長道路上的得與失、成與敗，要接納眼前的現實，接受孩子之間的差別。

同時，家長要以寬容的心態看待孩子成長中的觸礁現象，以信任的眼光欣賞孩子與眾不同、獨特個性。相信孩子能做到，用欣賞的、信任的、鼓勵的、愛的眼光等待孩子成長。

我們都知道，個體的差異、先天的資質、後天的教育等等都造成孩子之間的差異。就像人的手指有長短，孩子也是各有千秋。美國哈佛大學霍華德・加德納（Howard Earl Gardner）教授指出人有八種智慧：語言文字智慧、數學邏輯智慧、視覺空間智慧、身體運動智慧、音樂旋律智慧、人際關係智慧、自我認知智慧、內省智慧。這個理論告訴我們，不同孩子有不同智力結構。這就是為什麼有的孩子交際上如魚得水卻不擅長寫作；有的內向害羞但寫起文章妙筆生花；有的唱歌會跑調但數學卻很好；有的不喜歡畫畫偏喜歡體育運動……

也許，家長對孩子下否定的預言，只是想激發孩子向上的心態，可是，這樣的效果是非常糟糕的。年齡小的孩子自我認識能力差，有些自然會相信家長的話。他們會想：我就是這樣子了，再努力也沒用，不會有什麼改變了。這樣，孩子的自尊心會受到嚴重的傷害，甚至攻擊性行為增多，與家長衝突頻繁發生，從而使家長陷入更大的煩惱之中。

其實，每個孩子在成長過程都會出現一些問題，只是有些家長比較明智，巧妙度過了危機。聰明的家長在對待孩子時，總是相信孩子是好的，相信孩子是聰明的。

▎一技之長有助孩子成功

在這個高失業率的時代，大學生找不到工作已算不上什麼稀奇事。曾經，社會將大學生就業難歸罪於「眼高手低」。然而，如今大學生當保姆、當洗碗工已不再新鮮，甚至連「零薪水就業」、「負薪水就業」都有了，為何大學生就業依然尷尬？其實大學生的「劣勢」還是實踐能力差。一些技術學校的學生之所以比大學生「吃香」，也正是因為有實踐能力。

所以家長應該從小培養孩子的一技之長，以利於孩子在將來能更好獨立。

　　讓孩子掌握一技之長，需要從小做起。針對孩子實踐能力強的特點，綜合孩子的興趣和愛好去幫孩子選擇技能。學得一技之長的同時，也鍛鍊和培養了孩子的生存能力，因為人生的競爭是一個長期過程。成人與成才同樣重要，這是社會發展的需求。

　　培養孩子的一技之長，切忌家長根據自己的需要和期望，而不是根據孩子的實際情況，自作主張決定孩子該朝什麼方向培養。在現實生活中，最明顯的就是強迫孩子練琴、學畫，培養孩子的藝術修養。如果孩子有這方面的興趣愛好，教孩子練琴、學畫，這本是無可厚非。問題的關鍵在於，許多孩子對練琴、學畫沒有什麼興趣愛好，或者本身雖有些喜好，但在家長的層層加碼下，使原有的樂趣變成了一種負擔。很顯然，這樣的定向培養是不值得提倡的。實踐也證明，這種做法往往有害無益，結果只會與家長的願望背道而馳。

　　所以，家長要發展孩子的技能首先要了解孩子的潛能。人的長處各不相同，有的人善表演，有的人善言談，有的人擅長抽象思維，有的人擅長實際操作，有的人善於協調他人積極性，有的人善於獨自鑽研。因此，在生活中如果注意到孩子比較擅長某些方面，就可以適當加強這方面能力的培養，使之成為孩子的一種特殊才能。充分發揮特長的優勢，對孩子以後的成長也大有裨益。

　　事實證明，對孩子從小進行一技之長的培養，除了鍛鍊孩子的獨立性之外，還有一層意義，那就是對其智力的開發。

　　一提到索尼的董事長並深大氏，沒有一個人不知道他是戰後日本經濟的代表人物，也是推動幼兒教育的著名人物，在培養兒子一技之長的問題

上，他是這麼說的：「我兒子發育較晚，剛進小學時，是個有嚴重自卑感的劣等生，但是有一天，他突然對我說他要學小提琴，大概是學得很有心得，很有進步，於是在園遊會中演出，同學和老師都稱讚他拉得好，自此以後，他的自卑感便消失得無影無蹤了，而且在學業方面也有了長遠的進步。」

這就是一項專長信心所帶來的成果。不論如何瑣碎的事情，只要讓孩子感覺到自己比別的孩子優異，便能使他產生自信，並嘗試在其他方面有所表現，這種成就感能刺激他的頭腦，使孩子變得聰明。

身為家長，如果真愛孩子，就該為孩子的將來著想，而孩子是否掌握一技之長，則決定了孩子將來是否容易取得成功。很多家長往往只是看到孩子當前的利害，而沒有把目光看得更遠些，這正是很多孩子「小時了了，大未必佳」的原因。所以，家長不妨培養孩子的一技之長，讓孩子創造成功的人生。

第三章　別急著幫孩子「定型」

第四章　以成長的眼光看待孩子

　　常有家長用「固定眼光」看孩子，眼睛停留在孩子的昨天，看到孩子的缺點，看不見孩子的進步。其實，孩子的可塑性很強，家長必須要用成長的眼光看孩子。孩子總會進步的，家長需要的只是時間和耐心。

　　用成長眼光看孩子，你就會善待他、包容他的缺點、多看他的優點、留心他的進步，且不吝惜你的鼓勵和肯定，也不會因孩子一時犯錯而放棄教育的信心；用成長的眼光看孩子，你就會留心好孩子的缺點和不足，教育孩子防患未然；用成長的眼光看孩子，你就不會斤斤計較分數上的差異，而更注重孩子的全面成長；用成長的眼光看孩子，你就會更加注重能力的累積，與品格的提升，雖小善亦為之，雖小惡而不為，最後培育出全方位成長的優秀人才。

孩子的成長遵循規律

義大利教育家蒙特梭利（Maria Montessori）說得好：「每個人的成長都有一個順序，他在某個年齡該領悟什麼樣的問題，其實是固定的，你沒辦法強求，過於人為的干涉只會毀了他。」所以說，既然孩子的成長有自然發展規律，那就要順著它的規律讓孩子自由發展。事實證明，每個孩子在漫長的成長過程中都有自己的身心發展規律，而每個階段也都有不同的特點。出生時不一樣，出生後一個月又不一樣，3 歲時和 4 歲時不一樣，學齡前和小學階段也不一樣。

同樣都是成長，但不同孩子的成長有快有慢。性格特質、智力結構、認知能力、知識經驗、心理特點的不同，決定了每個孩子在同一發展階段上的不同，加上孩子吸收周圍環境、成人施加教育影響的不同，使有些孩子發展得快些，早早鋒芒畢露；有些孩子發展得慢些，可能屬於大器晚成。

幼稚園裡有個叫蘭蘭的小朋友，她週一至週五上幼稚園，週六和週日家長則幫她報名了好幾種才藝班，家長說：「多學一點，孩子會成長得更快一些。」但一段時間後，家長卻問老師「蘭蘭是不是智力有問題」，原因是她學什麼都比其他孩子慢。老師經過幾個星期的觀察後，得出的答案是：蘭蘭一切都很正常，是她的家長太心急了。

顯然，不少父母對孩子的教育太過熱衷了，他們害怕自己的孩子「輸在起跑點上」。其實，這種擔心是沒有必要的，因為每個孩子成長都有自己的時間表。

孩子成長是有過程的，過程的快慢有其內在規律，而且這個快慢因人而異，因時而異。正如農作物的成熟要經過一定的時間、階段一樣，如果忽視兒童生長的需求和時機，急於得到生長的結果，必然會導致不良後

果。教育不能急躁，教育的過程，實際上就是尋找最恰當教育方法的過程，只有找到了最恰當的教育方法，教育才能事半功倍。

法國著名思想家、教育家盧梭（Jean-Jacques Rousseau）曾說過一段話：「大自然希望孩子在長大前就要像兒童的樣子。如果我們打亂這個順序，就會造成一些果實早熟，它們長得既不豐滿也不甜美，而且很快就會腐爛。」這句話值得所有「望子成龍」的家長深思。

教育孩子一定要考慮孩子的成長規律，教育方法更要適合孩子的認知結構或智力結構，即以孩子認知結構為出發點，按照孩子的認知結構或智力結構來調整內容進行教育。具體如下：

第一，遵循孩子認知發展的階段性。孩子認知發展具有明顯的階段性，不同階段有其主要特徵，如 0 ～ 2 歲屬感覺運動時期，為了對付當前世界，嬰兒利用動作，如吮吸、抓握、打擊等，在主體與客體交流中，逐漸了解感覺與動作的分化和精確化。2 ～ 7 歲屬前運算階段，由於語言的參與，兒童學會了用符號和內部想像去思考，但其思考不夠系統，運算規則不合邏輯，有極強的「自我中心主義」。7 ～ 11 歲是具體運算階段，兒童發展了有條不紊的思考的能力，但僅僅在他們能借助於具體物品與活動時才可能這樣做。11 ～ 15 歲屬形式運算階段，他們發展起來在真正抽象與假設上，有條理的思考能力。

第二，遵循孩子認知發展的連續性。孩子的認知發展是連續的，按固定順序進行，一個接著一個出現，沒有什麼階段會突然出現，也不會跳躍和顛倒，先後順序不變，前一個階段是形成後一個階段的基礎。這幾個階段的順序是：感知運動階段、前運算階段、具體運算階段、形式運算階段。即感知運動階段是前運算階段的基礎，前運算階段又是具體運算的基礎，最後才是形式運算，不能從感知運動階段直接跳到具體運算，也不能

先形式運算，再發展到具體運算階段。

　　第三，了解孩子認知發展階段進度的差異性。孩子認知發展階段的進度有差異性，即有的孩子進入某一階段先於或遲於其他兒童，年齡的判斷只具有平均數的含義。在不同學科方面的認知發展也不盡相同。青少年一般先在自然學科領域出現形式運算思維，在社會學科領域的思維發展較慢。而且，同一個人在某一學科領域的思維可能達到了形式運算水準，但遇到新的困難問題時，其思維又可能會退回到具體運算水準。

　　可以說，最好的家庭教育應該是處於自然狀態、遵循孩子身心發展和成長規律的家庭教育，而不是按照家長意願打造孩子的家庭教育。事實上，唯有尊重孩子的成長規律，孩子才能朝著好的方向健康成長。

用賞識的眼光看孩子

　　心理學家說：「一個不捨得讚美孩子的家長，往往會讓孩子變的令他們無法讚美。」可見，在家庭裡，父母對孩子的賞識教育是多麼的重要。

　　什麼是賞識教育？賞識教育就是在教育的過程中，盡可能給孩子多一些的肯定和欣賞，讓他們更多體會到成功的喜悅，而不是一味突出孩子的不足和缺點。賞識教育強調的是善於發現孩子優點，對孩子多加鼓勵，使他們在情緒上得到滿足、心境保持愉悅。

　　每個人生活在社會上，都希望得到別人的賞識和認同，孩子也不例外。美國心理學家詹姆士（William James）說過：「人性中最深切的心理動機，是被人賞識的渴望。」父母對孩子每時每刻的了解、欣賞、讚美、鼓勵會增強孩子對生活的自信。

　　一位表演大師快要登臺演出了。這時，他的一位弟子告訴他鞋帶鬆了。大師趕緊低頭一看，說：「哦，謝謝你的提醒。」然後，他當著弟子

的面蹲下身子，仔細把鞋帶繫好。弟子高興笑了。

一會兒，弟子走遠了，大師又蹲下來，把鞋帶鬆開。這一幕正好被旁邊的一個紳士看到了。他疑惑問大師：「大師，您為什麼又將鞋帶鬆開了？」

大師回答：「因為我在戲裡扮演一位長途跋涉的旅行者，鞋帶鬆開正好表現他的勞累和憔悴。」

紳士更加不明白了：「那你為什麼不告訴你的弟子呢？」

大師回答：「他能細心發現我的鞋帶鬆了，並能夠熱心告訴我，這是一種積極的人生態度。我一定要保護好他的這種積極心。為什麼要將鞋帶鬆開，他看完戲後就會明白，但是，保護他的積極性可不是一直有機會的。」

這位大師的可貴之處就是懂得賞識弟子，保護弟子不斷學習的積極性。這是賞識教育的基本理念。賞識導致成功，抱怨導致失敗。父母應該為孩子高呼「加油」、「衝啊」，哪怕孩子跌倒一千次，也要堅信他們能一千零一次站起來。總之，教育好孩子，就應從賞識孩子開始。

那麼，賞識教育的重點是什麼？是信任！教育專家認為不能把賞識簡單地等同表揚，賞識的表現是「行」，而不是「獎」或「罰」，賞識是指「看得起」。因此，賞識教育所提出的「賞識」是對人不對事的。在事上允許失敗，但對孩子的信任不變。在事上允許教育者有批評和引導，但賞識的心態不變。這是對孩子心底深處的善良和美好的信任，也是對人性深處的善與美的信任。以父母對孩子特有的愛和寬容來抓住這一點，在這一點上與孩子連接，就能激發孩子「想好」的願望，而一旦「想好」的願望被激發，就真正啟動了孩子的自覺和良知潛能，進入追求「真、善、美」的境界。

教育專家把一個學校水準相近的學生組成一個班，在一起學習，分成

四個組：第一組的學生總是受到老師的表揚，而受不到批評；第二組的學生，受到老師的表揚多於批評；第三組的學生，受到老師的表揚少於批評；第四組的學生，總是受到老師的批評而得不到表揚。一個學期下來後，這個班的學生開始分化，第一組的學生成績優秀，第二組次之，第三組再次之，第四組的學生成績下滑很快，甚至有的學生學習自信心和積極性受到很大影響。

由此可見，長輩對孩子的讚賞是多麼重要。古人曾說：「數子十過，不如獎子一長；數過不改也徒傷情，獎長易勸也且全思。」這段話的意思是，教育孩子，與其總是批評，不如去表揚一次；對孩子批評多了，孩子並沒有去改正，還傷害了感情，如果用表揚和獎勵的方法來對待孩子，容易使孩子接受，而且能讓孩子好好思考。比如，孩子學說話、學走路，都是在父母的鼓勵下進行的，而孩子學說話時，沒有不說錯的，學走路時，沒有不摔跤的。但沒有一個父母因為孩子說錯話、摔了跤，而不讓他們學說話、學走路。事實也正是如此，如果父母能在孩子遭遇挫折時，給予一個鼓勵的微笑，送上一句勉勵的話語，傳遞一個信任的眼神，孩子就會在充滿愛與溫暖的氛圍中，從長輩循循善誘的教導中，透過心靈的感悟與自我反思，認識到自身的不足，正確對待挫折，增強克服困難的信心。

父母的賞識要像春雨滋潤孩子純潔的心田。增強孩子對學習生活的自信心，激發孩子渴求知識的興趣，促使他們追求成功，永保積極向上的活力。

父母對孩子的賞識要有激勵性，要讓孩子從父母的賞識中，體會到成功的樂趣，並能從父母的賞識中確定努力的方向，以更加飽滿的熱情投入到學習生活中，爭取得更大的進步與發展。

一句溫馨的話語、一個關愛的動作、一次表現的機會往往就蘊含著父母對孩子無限的賞識。

努力發掘孩子的特點

在日常生活中，很多家長總是習慣尋找、放大孩子的缺點，習慣拿孩子的缺點和其他孩子的優點比較，常常誇別人家的孩子如何如何好、如何如何優秀。而對自己的孩子總是唉聲嘆氣，認為一他們無是處；還有一些家長誤認為，孩子需要的教育是訓誡與懲罰，對孩子的優點、長處看在眼裡、喜在心裡，不動聲色，而對孩子的缺點和錯誤，動輒批評、指責、甚至懲罰。其實，他們的做法都是錯誤的。他們沒有意識到，沒有肯定和賞識，孩子就會在抱怨與批評中喪失自尊與自信，影響其心理健康，甚至可能產生一些不良行為。

有位教育家曾呼籲：「哪怕天下所有人都看不起您的孩子，做家長的都應眼含熱淚地欣賞他、擁抱他、讚美他。」

美國有一個家庭，母親是俄羅斯人，她不懂英語，根本看不懂兒子的作業，可是每次兒子把作業拿回來讓她看，她都說：「太棒了！」然後小心翼翼掛在客廳的牆壁上。客人來了，她總要很自豪地炫耀：「瞧，我兒子寫得多棒！我相信他會寫得更好！」其實兒子寫得並不好，但客人見主人這麼說，便點頭附和：「不錯，不錯，真是不錯！」

兒子受到鼓勵，心想：「我明天還要比今天寫得更好！」他的作業一天比一天寫得好，成績一天比一天提高，後來終於成為一名優秀學生，成長為一個傑出人物。

確實，人有所長則必有所短。每個人都有自己的優點和長處，但同時每個人也都不可避免存在著缺點和不足。有的家長往往過於看重孩子的缺點和不足，並試圖讓孩子克服所有缺點，彌補所有不足。一個人有缺點和不足固然需要克服和彌補，但如果讓孩子把主要精力都用在克服缺點和彌補不足上，那麼，孩子就可能因此喪失自己的優勢。

所以說，家長要要善於發現孩子的特點。

家長善於發掘並放大孩子的特點，就能有效促進孩子認識自身的潛力，不斷發展各種能力。而當孩子對自己有了正確的認識時，就不會懷疑自己、懷疑自己的能力與價值，對生活充滿熱情。

家長善於發掘並放大孩子的特點，就是讓孩子確信自己的幸福掌握在自己手裡、成功是靠自己努力的結果。

家長善於發掘並放大孩子的特點，實則上是給孩子一股無窮的力量，它促使人前進，能開闊失敗者前進的空間，能激勵勝利者不斷高昂的鬥志。

那麼，家長應如何發掘孩子的特點呢？

第一，建立賞識教育的理念。教育家陶行知先生說：「教育孩子的全部祕密在於相信孩子和解放孩子。相信孩子，解放孩子，首先要賞識孩子。」善於賞識孩子的家長，在教育孩子的過程中往往能夠取得事半功倍的效果。善於賞識孩子的家長總是把重點放在孩子的優點和每一個進步，他們能夠客觀評價孩子微小的努力和點滴的進步，並能夠不斷鼓勵孩子充滿信心，繼續努力，同時，對於孩子出現的失誤，賞識型家長能夠以寬容、理解的心情對待，並提醒孩子減少失誤，取得更好的成績。

第二，不與其他孩子做比較。家長不能總是拿自己孩子的短處與其他孩子的長處比較，這種比較會使家長看不到孩子的長處，而且也會傷害孩子的自尊。

第三，不要用成人的標準衡量孩子。要辨別孩子的優點和成績，首先要學會如何看待孩子的成就。世界上沒有只有優點沒有缺點，或只有缺點沒有優點的人，孩子也不例外。家長找不到孩子優點的原因，往往是因為家長衡量孩子行為的標準太高了，如果用成年人成熟的思考和豐富的經驗做標準，衡量思考還沒有發育成熟，知識、經驗和能力都還很匱乏的孩

子，孩子的行為肯定不會符合家長的要求和期望，家長也就看不到孩子的優點和成績。

第四，全方位審視。發掘孩子的優點要從小事、瑣事上開始，不要把目光只盯在課業成績上，用成績不足否定孩子的一切長處，會打擊孩子的自信。只要家長去掉了一些頑固想法，就能及時發掘孩子優點和孩子的每一個進步。

▍當著別人的面讚賞孩子

英國哲學家洛克（John Locke）說：「家長不宣揚孩子的過錯，則孩子對自己的名譽就越看重。他們覺得自己是有名譽的人，因而更會小心維護別人對自己的正面評價。若是當眾宣布他們的過失，使其無地自容，他們越是覺得自己的名譽已經受到了打擊，設法維護別人正面評價的心理也就越不注重。」可見，在別人面前，孩子的自尊心更加強烈，當著別人的面批評和訓斥孩子，將會傷害孩子的自尊。而最好的方法是經常對孩子讚揚、鼓勵，尤其是在別人面前讚揚孩子。

賞識教育的理論告訴我們，對孩子要多讚賞、多鼓勵，少批評、少責罵。經常對孩子讚賞、鼓勵，尤其是當著別人的面稱讚孩子，能使孩子產生成功感和榮譽感，從而增強他們對生活的信心。因此，家長應該把對孩子的讚賞擴展到別人的面前，要善於當著別人的面稱讚和尊重自己的孩子，讓孩子充分感覺到家長對他的重視和欣賞，從而激勵孩子產生無窮的力量和信心。

有一天，趙森帶著女兒出去散步，在路上偶然遇到了好友張金德和他的女兒，故友重逢，難免一番客套。一陣寒暄後，他們都將話題轉移到了彼此的孩子身上。

第四章　以成長的眼光看待孩子

　　趙森問張金德的女兒：「小朋友，你幾歲了？」張金德的女兒性格比較外向，一點也不怕生，她很高興回答：「叔叔，我今年6歲。」趙森又問：「上學了嗎？」她回答說：「上了，在實驗小學一年一班。」趙森繼續問：「老師今天教的什麼呀？」張金德的女兒回答說：「教注音。」「能唸給叔叔聽一下嗎？」「當然可以！」說著小女孩張大嘴巴，發了一個「ㄚ」的音。儘管發音不是很標準，但趙森還是誇獎說：「嗯，唸得真好！小朋友真棒！」

　　隨後，張金德也親切問趙森女兒問題，她正好也上一年級，與張金德女兒學的是同樣的內容。趙森讓女兒唸「ㄛ」，女兒很認真發了一個「ㄛ」的音，儘管女兒唸的音很到位，但出於客套，趙森還是謙虛說唸得不太好。

　　接下來，張金德又問了趙森女兒其他幾個問題，誰知女孩一反常態，將臉扭到一邊，冷淡回答說：「不知道！」張金德感到尷尬，趙森也覺得很沒面子，就圓場說：「還是你女兒乖巧能幹，什麼都會，要是我女兒能有你女兒一半就好了。」說著趙森無奈嘆了口氣。張金德安慰說：「孩子還小，不用著急，一切慢慢來。」

　　天色漸晚，他們各自帶孩子往回走。臨別時，張金德的女兒很有禮貌對趙森和他的女兒說：「叔叔再見，姐姐再見。」趙森輕輕拍了女兒一下，示意她跟別人說再見，但女兒毫不理會，一個人氣衝衝朝前面走去了。趙森無奈，只能跟張金德尷尬笑笑，並代替女兒跟他們說再見。

　　趙森追上女兒，嚴厲教訓她說：「妳看人家妹妹多有禮貌，哪像妳，連招呼都不跟人家打一下就跑了，真是太不像話了。人家比妳還小，但什麼都比妳做得好，妳要好好跟人家學習學習。」女兒不服氣說：「那些問題我都會，只是我不想回答而已。你為什麼說話總是偏心別人，一點也不像是我的爸爸。」說完，女兒低著頭，委屈哭了。

　　趙森這才知道，原來因為客套，在張金德面前貶低了自己的女兒，使女兒的自尊心受到了深深的傷害。從那以後，趙森再也不拿女兒跟別的孩子做比較了，也不在別的家長和孩子面前誇獎自己孩子的優點。因為無論是別人家的孩子還是自己家的孩子，他們的自尊心都是柔弱的，都需要別人的呵護和讚美。

　　從事例中可以看出，孩子比成人更愛面子。他們對於批評與稱讚是極其敏感的，如果孩子一有過失，家長就公開宣揚出去，使孩子當眾出醜，其結果只會加深孩子的被訓斥的印象，感到自己在眾人面前丟了面子，因此產生自卑，產生叛逆心理。相反的，如果孩子被家長當眾誇獎，則會感到無比的快樂。所以，當跟別人說起自己的孩子時，不管孩子是否在場，都要懷著賞識和尊重的心態去談論他們。

　　當然了，當眾誇獎孩子要講究技巧：

- 態度必須認真和真誠。不能因為炫耀自己或者敷衍別人而故意吹噓，誇大孩子的優點。

- 必須有根有據。要根據孩子平時的表現來賞識孩子，不能因為賞識而賞識，憑空捏造事實，讓孩子感覺在作假。

- 誇獎孩子應該大大方方，有的家長只說一半就停了下來，表現出謙遜、不好意思的樣子，這樣反而會讓人感覺家長在故意賣關子，在誇耀自己有多麼的了不起。

- 要適可而止。家長不要說起來沒完沒了，讓孩子感覺不自在。要知道，賞識的話並不是越多越好，有時候說得多了反而無益。

　　因此，家長應該把對孩子的賞識擴展到別人的面前，要善於當著別人的面賞識和誇獎自己孩子，讓孩子充分感覺到家長對他的重視和喜愛，藉此激勵孩子產生無窮的力量和信心。

用多種方式獎勵孩子

小強每天放學回到家不是先做作業，而是先玩一下。因此，他的作業總是拖到半夜才做完。媽媽想讓他養成回家先寫作業的好習慣，於是，她對小強說：「如果你能持續一個月，做到回家第一件事就是先完成作業，我就給你買一個變形金剛。好嗎？」小強高興地答應媽媽。

可是最初幾天的興致過去後，小強就沒幹勁了，回家後還是不想做作業，只想玩。媽媽用變形金剛的承諾提醒過他幾次，但變形金剛的吸引力似乎也不大了。

小強的媽媽很不理解孩子。於是，她向一位專家請教。專家問她：「妳平時經常給孩子買玩具嗎？」

「當然了。這一類要求基本上都會滿足孩子。」

「對，問題就在這裡。妳總是以玩具作為『誘餌』，孩子自然就會失去新鮮感了。獎勵孩子的方式有很多種，妳應該用其他方法鼓勵孩子積極。」

小強的媽媽這才恍然大悟。

家長在對孩子進行獎勵時，需要考慮到孩子的年齡和興趣。只有讓孩子有新奇感，並因花費了精力而感到愉快的勞動，才能使孩子感受到獲得獎勵的可貴。

獎勵孩子的方法很多，而每個孩子自身特點又有很大差別，家長只有根據自己孩子的實際，靈活運用各種獎賞和激勵孩子的方法，才能真正達到促使孩子進步和成長的目的。

喜歡新鮮是孩子的一大特點。但當孩子對某一事物或說法有過多次接觸後，就會喪失新鮮感，逐漸失去興趣。對於父母給予的獎勵也是一樣，當父母經常用同樣的方法獎勵孩子時，效力會逐漸喪失。因此，父母獎勵

孩子，可採用多種不同的方法，但無論如何，要符合孩子的年齡和他們的興趣。

第一，根據具體情況採取不同的獎勵方式。如果在大人和孩子之間已形成了親密無間的關係，那麼獎勵可以採用微笑、手勢、點頭或親切的言語，及時說些鼓勵的話：「雖然你年紀小，但是你很勇敢。」「加點油，你就會成功。」「在小組裡大家都聽話，你當然也會聽話」等，這些都是讓孩子形成良好行為的有效方法。有時為了獎勵行為表現良好的孩子，可以答應帶他去公園、兒童樂園、看電影等。

第二，贈送禮物。進行獎勵的重要方法之一是贈送禮物。但是只有在特殊場合才採用這個方法，不然孩子出於自私自利的動機才聽話，容易產生引導不當的後果。一般贈送給孩子的禮物應是玩具、書以及其他可供欣賞的東西。

第三，當著孩子的面褒獎他的良好品行。在家裡或在關心孩子的熟人面前，當著孩子的面褒獎他的良好品行，是一種獨特的獎勵方法。大家所談的一切會給孩子良好影響，他的行為得到了嘉獎，使他感到無比愉快。比如，當晚上全家人在一起喝茶的時候，媽媽可以說：「今天女兒的行為讓我感到高興，由於工作忙下班晚，耽誤了接她回家的時間，她沒有因此感到無聊，還幫助阿姨打掃房間、收拾玩具。」又比如，爺爺奶奶可以對剛下班的爸爸媽媽說：「我們家的孩子真的長大了，今天他趁我在準備晚飯的時候，居然把屋子收拾得乾乾淨淨。」孩子聽到這樣的話，怎麼能不開心呢？

第四，讓孩子參加家事作為獎勵。讓孩子參加家事為獎勵，這能給孩子良好而深刻的印象。許多孩子都渴望像父母那樣做家事。父母可以選擇一些簡單的勞動作為獎勵，例如，洗毛巾、幫助媽媽為客人擺好餐具準備

吃飯、幫助爸爸修理自行車等。參與大人所做的事，對孩子來說是很大的快樂。在幼稚園裡，我們經常可以聽到孩子對同齡兒童說：「我和爸爸一起……」、「我和媽媽一起……」等話，此時孩子是多麼自豪啊！

第五，像上級對下級那樣給孩子分配任務。獎勵孩子時，可以使用這樣的方法：像上級委託下屬執行重要而光榮的任務那樣吩咐孩子。不斷委託新任務讓孩子負起責任，讓孩子產生責任感。孩子知道擔任上級指派的角色是不尋常的，在孩子看來這是光榮的、享有榮譽的事。這個方法對那些不願勞動及不聽話的孩子特別有效。

第六，預先進行獎勵。有時孩子還未開始行動父母就給予獎勵，也能收到良好的效果。因為這樣做會使孩子感到被信賴而充滿信心去行動。「不應該讓大人提醒才去好好做，要知道你已經是個懂事的小大人了！」「你是個認真、用心的男孩子，做這件事一定會讓我們感到滿意。」這種獎勵方式要建立在暗示、激發自強自愛的基礎上。

第七，透過別人之口賞識孩子，對孩子正確認識自己在其他人心目中的印象，以及與其他人的交流都有很大的幫助。當孩子不確定自己給別人留下的印象是好是壞，以及在與別人交流過程中出現困難和障礙時，適時傳達給孩子別人對他的正面看法和讚賞，不僅可以強化孩子的信心，更可激發孩子的潛力。在孩子的社交流中，時常傳達別人對他的正面評價，可以培養孩子正確認識他人、評價他人、與他人友善相處的良好習慣，有利於孩子人際關係的處理，對孩子以後的生活也有很大的好處。當孩子聽到別人對他的讚賞時，他會更加感到光榮和自豪。

第八，要客觀對待獎勵。優點背後往往是缺點，缺點背後也往往是優點，對孩子不能只獎不罰，也不能只罰不獎。要獎罰分明，不能因為獎，而看不到孩子的缺點，也不能因為罰，而看不到優點。

虛心向孩子學習

常聽到家長這樣責罵不聽話的孩子：「大人這麼辛苦，從早忙到晚，你怎麼就看不到呢？還調皮貪玩，不努力學習。」言語中，明顯有這樣的潛臺詞：孩子要學習大人的勤奮，少玩一點，成績就會更好一點。

家長講述自己的經歷，讓孩子學習大人身上的優點，這本來是件正確的事。但問題在於，這樣的「榜樣教育」能否被孩子接受，以及接受的程度如何，就很難界定和衡量了。相反，如果大人反過來向孩子學習，以孩子為榜樣，則教育效果不僅奇佳，而且能結出「雙贏」甚至「多贏」之果！

「向孩子學習」，家長最大的心理障礙是什麼？是放不下架子。他們總認為，孩子向家長學習是天經地義的，而家長向孩子學習是有失尊嚴、有失威信的，是家長無知和淺薄的表現。這種理念導致的行為是，有的家長明明是自己錯了，也要堅持到底，寧願委屈孩子，也要維護自己的面子和權威；有的家長甚至採取高壓政策壓抑孩子，在孩子面前表現得神聖不可侵犯；有的甚至體罰和變相體罰，使孩子臣服於自己的權威。

現代社會高度發達的資訊網路，大大開闊了孩子的視野和知識，使家長「知識傳授者」的傳統權威受到了空前的挑戰。家長再也不能長期將自己置身于施教者這個固定位置了，也不能把孩子只看成是被動的受教育者了。

家長應有這樣的意識，教育者與被教育者不總是一成不變的。當孩子遇到不明白的事情或出現錯誤時，家長透過教育讓孩子明白事理，改正錯誤和改進缺點，這時，家長是教育者，孩子是被教育者；而如果家長發現孩子的長處和優點，自己卻不具備時，孩子就變成了教育者，家長應主動扮演被教育者的角色，虛心請教孩子，向孩子學習。特別是在知識爆炸、高科技迅速發展的今天，更要提倡家長向孩子學習，而絕不能做孩子的「獨裁者」。

第四章　以成長的眼光看待孩子

　　過去，老年人經常用這樣的話訓斥兒孫：「你懂什麼？」、「我走過的橋比你走過的路還多！」現在很少聽見這類倚老賣老的話了，逐漸取代的是「不恥下問」。這是因為老年人已經承認自己的現代科學技術知識落後於形勢，迫切要求迎頭趕上，不再以「下問」為丟面子，這也是時代的進步。據說，由於現代科學技術發展太快，法官審理案件時經常遇到自己不懂的專業知識。在這種情況下，法官也往往只好宣布暫時休庭，回去請教專家或問問孩子。

　　是啊，如果家長能平心靜氣地觀察孩子，就會發現孩子身上有很多值得學習和令人欽佩的地方：

　　孩子天真無邪，敢講實話。而大人有時考慮「言多必失」，不想說實話；有時考慮「忠言逆耳」，不願說實話；有時考慮「語出傷人」，不敢說實話。

　　孩子善於自我激勵，總是發自內心為任何一點微小的進步而歡呼雀躍，從而保持旺盛的進取精神。

　　孩子懂得擺脫煩惱，無論是一張圖畫、一顆糖果，還是一下撫摸，都可以成為他逃離煩惱的特效藥。

　　孩子大度、忠誠，只要你有一顆真摯的愛心，那些曾經有過的誤解、強迫、忽視甚至傷害，都會被孩子拋到九霄雲外，依然全身心投入你的懷抱。

　　孩子具有耐心和毅力，能夠不厭其煩重複任何一項單調的事情，直到完全熟練掌握。

　　韓愈說：「師者，所以傳道、授業、解惑也。」從中可以看到，能告訴你做人之道，向你傳授學問，幫你解決疑難問題的人，皆可稱之為師。所以，孩子，同樣也可以是家長的老師。

勇敢向孩子認錯

　　如今社會上會「道歉」的人已越來越多，甚至還出現了各種類型的「道歉公司」，這無疑是社會進步的現象。但有不少人在家中卻從不道歉，尤其是身為家長，更不願向孩子道歉。殊不知，家長學會並勇於向孩子道歉，正是家庭教育中的明智之舉。

　　日常生活中，大人和孩子都避免不了做錯事，但是在這個過程中，孩子向家長道歉的情況，比家長向孩子道歉的情況要多。為什麼？我們一般都認為孩子容易做錯事，家長也有教導孩子的責任，要教導他們有禮貌，做錯事就要道歉等等；對於孩子來說，他們通常都不知道家長有錯，也覺得家長不會那麼容易做錯事。家長則認為自己一般能做對，即使做了錯事也不需要道歉，他們覺得自己處在一種比較高的地位，也就是說，一種不平等的地位。

　　專家提醒，這種現象其實是很不好的，大人讓孩子做錯事要道歉，他們就應該以身作則。教導孩子不一定要對他們說一大堆道理，才會讓他們懂得，大人應該以平等地位看待孩子。家長做錯事向孩子道歉了，孩子自然就會知道，以後他們做錯事了，就要向家長或者被傷害到的人道歉。以身作則始終是最好的教育方法。

　　故事一：

　　小明的媽媽發現錢包裡少了 50 元，就一口咬定是小明拿了。小明說沒拿。媽媽不信，先是「啟發」孩子：「需要錢可以跟我說，但不能自己拿！」後來就越說越生氣，警告小明：「不經允許拿媽媽的錢，也算是偷！」小明不服氣，母子倆就吵了起來。這時，小明的爸爸回來了，忙著解釋說：「錢是我拿的，還沒來得及告訴妳。」媽媽這才停止了對兒子的

逼問，但又補上一句：「小明，你要記住，花錢要跟媽媽要，不能自己偷偷拿。」小明覺得受了不能容忍的侮辱，一氣之下，離家出走了。

故事二：

已經到了吃晚飯的時間，小惠卻突然「失蹤」了，爸爸很著急，明天就要期中考試了，小惠不在家讀書，到哪裡玩了？過了一會兒，小惠回來了。爸爸沒等小惠解釋，就罵起來了。小惠沒說話，進房間裡讀書了。過了幾天，隔壁的張叔叔忽然登門向小惠表示謝意。原來那天張叔叔家來了掛號信，小惠想一定有急事，於是趕緊把信件送到了張叔叔公司。信上說，張奶奶病危，讓張叔叔速歸。就這樣，張叔叔終於在媽媽臨終前見了老人家一面。小惠爸爸一聽才恍然大悟，十分後悔那天不該直接罵孩子。晚上，小惠爸爸請小惠坐下，十分誠懇做了反省，向孩子道歉。這事之後，小惠更愛爸爸了。

上面兩個故事，可謂一反一正，給人以啟示。在家庭生活中，家長說錯了話，甚至冤枉孩子，這都是難免的，關鍵是發生問題後家長如何處理。可以說，小惠爸爸是明智的，而小明媽媽的行為卻是「失人心」的。

但凡天下家長，誰也不敢保證對待孩子的態度永遠正確，但問題是家長們即使發現自己錯怪孩子也不敢大方承認。比如，明明是自己匆忙之中把鋼筆夾在書本中，吃晚飯時卻一口咬定是孩子弄丟的。出於無所謂甚至是理所當然的心理，家長們往往不肯向孩子認錯，不少家長更認為，向孩子道歉有失臉面，會損害自己在家庭中的權威。然而，在家庭教育中，家長如果從不向孩子承認自己的缺點、過失，孩子就會產生「家長自以為永遠正確，而實際上老是出錯」的觀念，久而久之，對家長正確的教誨，孩子也會拋之腦後；而如果在對孩子做錯事後，家長能鄭重地向孩子認錯、道歉，孩子就會懂得承認錯誤並不是一件可恥的事，就會提高分辨是非的

能力，嘗到原諒別人的甜味。

那麼，家長怎樣才能做到向孩子認錯呢？在向孩子認錯時，家長又應注意些什麼呢？

- 家長要改變觀念，正視自身的錯誤。「每個人都有犯錯的權利」，同時每個人還有改正錯誤的義務，不可能因為「為人家長」了就會不犯錯誤，也不可能因為孩子的愛戴而使錯誤消失。既然任何人犯錯都是難免的，那麼犯了錯也就不必過分羞愧，而應將精力放在改正錯誤上，因此，向孩子認錯並不丟「面子」。
- 家長道歉的態度很重要，不能太過於生硬、輕描淡寫。否則這些錯誤的態度，即使道歉也不能挽回什麼，只會加深誤解，因為孩子是十分敏感的，很容易就能意識到家長是不是在敷衍。因此，家長應用真誠的態度來道歉，不要礙於面子或者身分，不願意對自己的孩子道歉。
- 要想讓孩子從心理上接受家長犯錯的事實，必須與孩子多交流。透過交流，讓孩子知道家長也是會犯錯的，但是，自己絕不是故意要傷害孩子的感情，而看到孩子的感情受傷，自己其實也很內疚，孩子只要感受到家長的悔過之情，自然就會理智對待犯錯的家長了。

▌正確看待孩子的失敗

什麼是「失敗」？按照字典上的定義，「成功」是獲得預期的結果，那麼，「失敗」就是沒有達到預定的目標。

成年人都知道，現實世界並不是公平的，所有努力換來的也不一定是好結果，甚至我們可能有許多努力還沒有被人看見。同樣，孩子的世界也是如此。在全球化競爭如此激烈的今天，當很多人才一起競爭有限的機會時，我們應陪伴孩子接受自己的平凡，教孩子學會如何面對失敗，體會到

即使自己學業不算優秀或在各種能力競賽中比不上別人，也仍然是一個有價值的人。

有個漁夫有一流的捕魚技術，被漁民尊為「漁王」。然而他年老的時候卻非常苦惱，因為他3個兒子的捕魚技術都很平庸。於是，他向人訴說心中的苦惱：「我真不明白，我捕魚的技術這麼好，我的兒子為什麼這麼差？我從他們懂事起就教他們捕魚，從最基本的東西教起，告訴他們怎樣織網最容易捕魚，怎樣划船最不會驚動魚……他們長大了，我又教他們怎樣識潮汐……凡是我長年辛辛苦苦總結出來的經驗，我都毫無保留傳授給他們，可他們捕魚技術竟然比不上技術比我還差的漁民兒子！」一位路人聽了他的訴說後，問：「你一直手把手教他們嗎？」「是的，為了讓他們得到一流的捕魚技術，我傾己所能，教得很仔細。」「他們一直跟隨著你嗎？」「是的，為了讓他們少走彎路，我一直讓他們跟著我學。」路人說：「這樣說來你的錯誤就很明顯了。你只傳授他們技術，但沒有傳授給他們失敗，對於才能來說，沒有失敗與沒有經驗一樣，都不能使人成大器。」

這則故事，雖說簡單，但意義深刻，尤其值得家長深思。故事中的漁王對孩子的教育方式，也正是目前很多家長對孩子的教育方式。故事中路人與漁王的對話，非常清晰指出了問題的根本：「只傳授了孩子技術，但沒有傳授給他們失敗，對於才能來說，沒有失敗與沒有經驗一樣，都不能使人成大器。」同時，這則故事也反映出了當前家長在對待孩子失敗問題上的態度 —— 都渴望自己的孩子出人頭地，最不能容忍的是孩子失敗，認為那是無能的體現。

怎樣正確對待輸贏，將直接影響到一個人的競爭行為，因此，競爭最終將是意志力的較量。一般來說，一個人經歷的考驗越多，承受的困難和

壓力越大，意志就會磨練得越堅強，也越不害怕競爭。有競爭才會有進步、有發展。從小就培養孩子的競爭意識，不但有利於他的健康成長，更是時代的需求。競爭總是伴隨著成功和失敗的，對於孩子的失敗、過錯，有些家長缺乏應有的耐心和冷靜，只會罵罵咧咧，隨便地將「笨豬」、「沒出息」之類的標籤強加在孩子身上。殊不知，這樣做會非常傷害孩子的自尊心。

失敗不可恥，失敗不可怕，沒有失敗就沒有成功，失敗是成功之母。這是眾所周知的道理，但很多家長往往不敢面對失敗，尤其會把孩子的失敗看成一種恥辱。

明智的家長不會為孩子掃平一切障礙，也不會痛斥孩子的失敗，而是幫助孩子，讓他自己去克服困難，歷練成長，並將困難變為生命中的光環，讓孩子不僅成為生活的強者，更成為生活的智者。人生的道路不會永遠開滿鮮花，偶爾也會有陷阱，當孩子遇到失敗時，對他的自信心是個很大的打擊，這時的家長千萬不要火上澆油，而應耐心引導孩子，讓他明白自己的價值，重新振作起來。

正確面對孩子的失敗，需要家長付出更多的理解、愛心與耐心。

第一，允許孩子不斷嘗試新事物與未知事物。家長不要用成人已知的理性來代替孩子的熱情，更不能從主觀上不信任孩子是否能夠完成，因為孩子是很容易覺察到家長的信心程度。換句話說，當家長對孩子沒有信心的時候，由於家長未能給孩子提供足夠的安全感，孩子也會對自己沒有信心。

第二，找原因，指方向。失敗總有其因，或是主觀上不努力，或是客觀上存在問題，家長應幫助孩子仔細分析癥結所在，然後對症下藥，採取措施，確定以後努力的方向，讓孩子看到勝利的曙光。

第三，多鼓勵，建信心。面對孩子的失敗，家長應給予更多關心和不失時機的教育引導。對於許多孩子來說，家長信任和期待是強大的精神力量，它能激勵孩子跨越失敗的沼澤，點燃孩子的希望之火。

第四，有進步，常表揚。在孩子不斷努力的過程中，家長要善於發現，哪怕是很小的成績，要及時給予不同形式的表揚與肯定。因為表揚和肯定能增強孩子自信心，和戰勝困難的勇氣。這樣，孩子一定能掃除昨日失敗的陰影，昂首走向成功，走向成熟。

▌讓孩子擁有成功的經歷

家長要想讓孩子出色，讓他們體驗成功的經歷是必不可少的。

不錯，大家經常用「失敗是成功之母」來鼓勵那些遭遇挫折的人振作起來。而事實上，真正能夠屢敗屢戰、不畏挫折、執著向前的人並不多。而一而再、再而三的失敗會讓人信心全無，形成習慣性無助感。越失敗就越沒有信心，越沒有信心就越容易失敗，形成惡性循環。

成功是成功之母，孩子在體驗到成功的快樂之後，自信心倍增，更容易成功。所以，我們要給孩子創造機會，讓孩子體驗成功的快樂，用一個成功贏得更大的成功。

那麼，怎樣讓孩子從成功中獲得快樂的體驗呢？家長們不妨從以下幾個方面開始：

第一，為孩子創造學習成功的預感。心理學研究和生活經驗都告訴我們這樣一個道理：如果一件事情有很大的價值，透過我們的努力後又可以實現，那麼我們肯定會對它產生興趣，並願意做出努力。培養孩子的學習興趣時也應注意運用這理論，那就是為孩子創造學習成功的預感。

第二，積極鼓勵孩子從事有興趣的活動。正常嗜好與充分運動不但有

助於調劑生活，更可培養積極健康的人生觀。比如，當孩子在假日要求父母陪同玩遊戲時，父母不必嚴肅說：「不准玩，快去寫功課！」因為遊戲不但能訓練個人的思考力與臨場反應，也可提高理解力，對其將來有莫大幫助。反之，若孩子因缺乏理解力的訓練，可能無法領悟課業的內容，必將隨年級升高與課程加深，更難產生學習興趣了。因此，當父母發現孩子興趣廣泛並喜愛運動時，應當積極地加以鼓勵。

第三，讓孩子發揮自己擅長的學科。為何擁有一技之長的人，通常其他方面也會有優異的表現呢？正因頭腦只要有一部分被開啟，其他部位也會活躍起來。因此，若對某一課題產生好奇心，集中精力去做，必能促進全腦的活性化。

第四，鼓勵孩子獲得成功。對孩子不提過高的要求，讓孩子獲得成功，體驗到成功的快樂，孩子才會對學習有興趣。比如，低年級的孩子學會注音和常用漢字後，可讓他們給外地的親戚寫封短信，並請親人抽空給孩子回信，讓他們嘗到學習的實際效用，這樣就能培養孩子的學習興趣。

第五，讓孩子做老師。家長可以讓孩子當老師教自己，試著交換一下教和被教的地位，孩子站在教學方的立場，會提高其學習的欲望，同時，為了使雙方明白，孩子自己必須深入地學習並抓住學習內容的重點，這對於其自身的學習有很大的幫助。

第六，試著讓孩子創造問題。孩子是學習的當事人，如果被迫學習，被迫考試，學習處於被動狀態，時間久了，孩子對學習產生厭惡是可以理解的。家長指導孩子學習時，可以換一種方法，不是經常讓孩子去解答問題，而是採取讓孩子創造問題的學習方法。這不僅會改變孩子的學習態度，而且會激發討厭學習的孩子的興趣。試著讓孩子創造問題，孩子會考慮什麼地方是重點，父母也可以在指導孩子學習時以此為中心。另外，孩

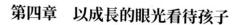

子一般會對自己理解非常充分，或自認熟悉的地方提出問題，這對父母來說，就很容易掌握孩子在哪些方面比較擅長，在哪些方面還有欠缺。如果堅持這種學習方法，孩子就會在平常學習中準確地抓住要求和問題所在。此外，這還有助於提高孩子的表達能力，滿足孩子的自尊心，學習自然就會取得良好效果。

第七，讓孩子做力所能及的事。正像我們的工作有難易的差別一樣，孩子的學習也有程度難易之分，倘若一開始就好高騖遠，便容易因為感受失敗的苦惱，而喪失自信與幹勁，最終一事無成。正所謂「好的開始是成功的一半」，如果事情開始時就順利進行，便可令人全身心投入並且提高效率，還能因滿足感與充實感的產生，激勵孩子向更高的目標積極邁進。

▌讓責任心與孩子同行

很多家長感慨，現在的孩子缺乏責任心，做什麼事都是一副無所謂的態度。的確，隨著現在生活水準的提高，越來越多在溺愛中長大的孩子，行為離「責任」二字相去甚遠。

有個寓言，讓人讀後有很深的體悟：

一群老鼠吃盡了貓的苦頭，於是牠們召開全體會議。會議的口號是「集思廣益、解除貓害」，會上，大家踴躍發言，大會氣氛異常熱烈。

眾鼠冥思苦想，有的建議培養貓吃魚、吃雞的習慣，有的建議研製毒貓藥，最後，還是一隻老奸巨猾的老鼠，想出了一個令大家都五體投地的主意，就是在貓脖子上掛一個鈴鐺，這樣，貓一動就會有響聲，大家就可以事先得到警報，躲藏起來。

牠的建議全票通過。可新的問題又接踵而來，讓誰去往貓脖子上掛鈴鐺呢？為了激發眾鼠熱情和勇於冒險的精神，高薪獎勵、頒發榮譽證書等

辦法想了一個又一個。不過，無論出什麼高招，始終不見一個老鼠挺身而出。至今，老鼠們還在為誰去往貓脖子上掛鈴鐺爭論不休。

世界上最愚蠢的事情就是推卸責任，認為等到以後準備好了、條件成熟了再去承擔就好。在需要你承擔重大責任的時候，馬上去承擔它，這才是最好的準備。如果不習慣這樣去做，即使等到條件成熟了以後，你也很難承擔起重大的責任，很難做好重要的事情。

總愛逃避的孩子很難在學習上有大突破。面對困難，他們習慣讓自己退縮到一個安全的地方。要知道，一個人想在事業上有所突破，就必須勇敢面對困難、勇於承擔風險，因為他們知道，一個人的進步與提升總是在突破與承擔中獲得的。卡內基（Dale Carnegie）就說過：「有兩種人絕對不會成功，一種是除非別人要他做，否則絕不會主動負責的人；另一種則是別人讓他做，他也做不好的人。而那些不需要別人催促，就會主動負責做事的人，如果不半途而廢，他們將會成功。」

當然，責任心並不是與生俱來的，它需要在長年累月的生活中逐漸培養。無論在何時、何地，家長都要學會在小事中培養孩子的責任心，讓孩子充當一些有意義的角色，使他們感到自己行為對集體所產生的重要性。這樣，孩子才會變得越發有責任心起來。具體的做法如下：

第一，讓孩子學會自己的事自己做。培養孩子的責任心，首先就要求家長放棄對孩子的溺愛，讓孩子去做一些他力所能及的事情，讓孩子去為自己多承擔一些責任。

第二，讓孩子體驗挫折，學會承擔。孩子處於成長之中，對一些事情沒有表現出責任感是正常的，因為許多時候他不知道責任是什麼，所以為了培養孩子的責任感，家長可以適時讓孩子體驗一下做事情不負責任的後果，教孩子如何去面對並接受這次失敗的教訓，從中獲得成長。如孩子在

學校犯錯受罰，家長一定要支持老師的做法，不要想方設法替孩子解圍，孩子接受到懲罰的後果，承擔能力同時也就增強了。

第三，約定責任內容。家長應該和孩子約定責任的內容，讓孩子明白該做什麼、怎樣做，否則將會受到哪些懲罰。孩子做事往往是憑興致的，要讓孩子對某件事負責到底，必須清楚告訴他做事的要求，並且與處罰連繫在一起。如把洗青菜的家事交給孩子，要是沒做好，便不能吃所有的菜，這樣，孩子才知道要對自己的行為負責。

第四，不要讓孩子逃避、推卸責任。要培養孩子的責任感，家長應要求孩子勇於對自己的言行負責，不論孩子有什麼樣的過失，只要他具備承擔責任的能力，就要讓他勇敢面對，不能讓他逃避和推卸，更不能由大人出面解決。比如孩子弄壞了其他孩子的玩具，家長就應要求孩子去幫人修理或照價賠償；孩子一時衝動打傷了人家，家長就應要求孩子自己去登門道歉，並鼓勵孩子去照顧被打傷的孩子等。

第五，要求孩子做事有始有終。良好的責任心是要靠堅強的意志力和持之以恆的態度來維持的，而這恰恰是許多孩子所缺失的。孩子好奇心很強，興趣愛好很廣泛，但是缺乏堅持、自制力，遇到一點困難和挫折就打退堂鼓，不願意再堅持下去。這是孩子在成長中的問題，並非孩子沒有責任心。因此，為了增強孩子的責任心，家長平時就應注意培養孩子做事有始有終、負責到底的良好習慣。

第六，給孩子一個好的榜樣。孩子有對自己喜歡和崇拜的人進行模仿的行為，而家長在小孩子心目中一般都具有絕對的權威。家長言行舉止對孩子影響是深遠、巨大的。家長負責任的行為，孩子是看在眼裡、記在心上的，耳濡目染之下，讓孩子也會有責任感。所以，家長只有在生活中要求自己做一個有責任感的人，給孩子做好榜樣，影響和教育孩子才更有效。

第五章　恨鐵不成鋼讓孩子更厭學

　　沒有哪位家長不熱切期盼自己的孩子成才的，為此，他們恨不得讓孩子掌握所有知識和技能，以致沉重的學習負擔早已壓得孩子喘不過氣來，而家長的恨鐵不成鋼又讓孩子更加討厭學習。

　　學習沒有速成班，家長需要放慢腳步，給孩子學習提供寬鬆環境和愜意空間。放慢學習速度不是故意拖延時間，而是讓孩子在「慢學習」的方式中掌控自我、平衡自我，讓孩子在學習生活中找到適合自己的節奏和行為方式。不透支健康，不消滅熱情，保持長效的學習動力。「慢學習」應該時刻關注孩子的合理承受力，那些用無休止的考試訓練，幾乎塞滿孩子所有時間的做法，是不人道的。所以，家長不能追求一時的速度與效率，要讓孩子感到學習是快樂的，成為學習的主人。

孩子厭學有原因

今年 8 歲的玲玲正在讀小學三年級。她原本是一個十分活潑的孩子，然而，自去年 9 月開學以來，玲玲父母便對孩子的表現憂心忡忡。原來，開學以來玲玲非常害怕到學校上學，每天早上，她都千方百計賴在家裡不走，不是說肚子痛、胃痛，就是說前一天晚上沒有睡好。父母催得急了，她就哭鬧，還時常踩腳摔東西。可到了假日不上學時，玲玲一切不適和異常情緒都會煙消雲散。為了能讓玲玲上學，焦急的父母先是勸說、安慰，甚至陪她去學校，但都沒有效果，她的厭學情緒反而越來越嚴重，最後父母不得不帶她到醫院求助。

每一位家長都希望自己的孩子聰明好學，學有所成。但現實是，不少孩子一上課就想睡覺，一寫作業就煩惱，一提到讀書就頭疼，甚至到了曠課、蹺課的地步。為此，家長們苦惱不已，「好好的孩子為什麼會產生厭學情緒呢？到底是哪一個地方出了錯？」

是的，當孩子討厭、逃避學習時，家長該如何應對？抱怨與憤怒都是愚蠢的做法，是毫無意義的。這時，家長最重要的是學會用理智和有效的方法來應對孩子，要及時分析其中原因，並解決孩子所處的困境。

總體來說，造成孩子厭學的原因主要有以下幾個方面：

- **缺乏學習興趣**：興趣是影響學習動機的內在價值因素之一。缺乏學習興趣，會認為沒有必要學習，從而導致厭學。但是，缺乏學習興趣並不是孩子與生俱來的，而是在學習過程中，感受不到學習對自身的價值，而逐漸形成的。

- **缺乏正確的學習目標和動機**：學習動機不正確、內心動力不足、沒有目標等是引起厭學的重要因素。因為缺乏正確的學習目標與動機，孩

子學習沒有動力，他們不知道自己為什麼而學習，該怎樣去學。甚至有些孩子認為自己是為父母而學習的，學習就是為了完成父母交給自己的任務。這樣一來，學習就成了他們的一種負擔。在這種情況下，他們只要遇到一點點困難與挫折，就會喪失信心，對學習產生逃避的想法！

- **缺乏良好的學習習慣和方法**：一些孩子的基礎差，又缺乏良好的學習方法與習慣，這導致他們的學業成績差。因為學業成績差，他們經常遭到同學的嘲笑、鄙視，家長、老師的責怪與不諒解，如此惡性循環，讓孩子對學習產生了苦悶的心理，厭學就成了理所當然的事。

- **挫敗感導致厭學**：多次的失敗使孩子認為，無論自己怎樣努力，都是在體驗失敗，使得孩子產生無力感。一旦孩子出現這種心理狀態，就會認為「無法控制行為結果」，採取「無所謂」的態度，導致厭學。

- **沒有體驗到學習給自己帶來的成就價值**：成就動機是指，個人為力求成功完成某種有價值活動的內部動力，而成就價值就是在這種動力上，建立起來的成就體驗。厭學的孩子對失敗感到羞愧的程度偏高，對成功卻不怎麼感到驕傲，不能正確認識和評價自己在學習過程中的波折，學習缺乏信心。

- **因厭其師而倦其道**：現實中有不少學生的整體資質較好，但由於教師的教學不當、態度粗暴、說了過激的話、處理事情不公平等方面的原因，引起孩子反感，使孩子因反感老師，而討厭上這位老師的課，極力迴避與老師的接觸，最終導致對某一科目的厭學。這種厭學不具有整體性，但時間久了，同樣會影響到其他科目的學習，所以，值得家長們注意！

- **家長要求不當**：家長要求太嚴、太高或太鬆，都可能導致厭學。而大多數家長對孩子的要求都是太高、太嚴格，為了孩子有一個好的前

程，許多家長拚命給孩子施加壓力，繁重的課業和精神壓力造成孩子不能承受之重，使其最終對學習失去興趣，產生了厭學的情緒！

- **人際關係問題**：有些孩子由於性格的原因，在人際關係方面較差，不能正常與同學進行互動。經常與同學產生矛盾，又不能好好處理，最後導致同學們都不喜歡與他來往。缺乏同齡夥伴的關心，讓孩子感到在學校沒意思，因此產生了厭學心理。再來，有些年齡較小的孩子因受到學長姐的威脅，而又不知該如何處理，因此對學校生活產生了恐懼，開始逃避上學，最終也會產生厭學的心理。此外，結交不良朋友也是導致孩子厭學的原因之一。

- **外界的誘惑**：交友不當、色情誘惑、不良迷戀等也是構成孩子厭學的主要因素。需要引起家長們的重視，要及時消除隱患、正確引導，以免孩子走向萎靡。

以上種種因素都是導致孩子厭學的原因，嚴重干擾孩子對知識的學習和對人生的追求，阻礙和影響孩子的健康成長。對待孩子的厭學情緒，放任和粗暴對待都是非常不理智的，甚至還可能會惡化這種情緒。建議家長們要以關心、信任和尊重代替冷漠、壓制和強迫，在積極引導中，讓孩子擺脫厭學情緒的困擾。

▌興趣是最好的老師

愛因斯坦（Albert Einstein）有句名言：「興趣是最好的老師。」古人亦云：「知之者不如好之者，好知者不如樂之者。」興趣對學習有著神奇的動力，能變無效為有效，化低效為高效。

不少孩子厭學，是因為對所學的科目不感興趣，而沒有興趣，就很難讓孩子靜下來，因為學習本身是一件苦差事，需要堅強的意志作後盾，而

孩子的自制能力往往又不強。試想，如果孩子對學習不感興趣，學習時就會容易分散注意力，自然就不會取得預期的學習效果。而如果孩子對一件事很感興趣，他就不會因為困難而退縮。

具體來說，興趣對學習的作用表現在以下幾個方面：

首先，對未來活動的準備作用。例如，對於一名學生來說，對化學感興趣，就可能激勵他累積各種化學知識，研究各種化學現象，為將來研究和從事化學方面工作打基礎、做準備。

其次，對正在進行的活動起推進作用。興趣可以使人集中精力去獲得知識，並具創造力完成當前的事情。

最後，興趣會促使人深入鑽研、創造性的工作和學習。就孩子來說，對一門課程感興趣，會促使他刻苦鑽研，並且進行創造性的思考，不僅會使他的課業成績大大提高，而且會大大改善學習方法，提高學習效率。

在姚明小時候，姚明父母並沒有刻意鼓勵他，把籃球當作自己將來的事業，他們只是讓姚明做自己喜歡的事情。他們希望小姚明和普通的孩子一樣讀書、上大學、找工作，然後找到自己的生活方式。但姚明最終還是選擇了籃球，因為他發現自己真的非常熱愛籃球。

姚明父母和他當年的老師、教練以及同學都說，其實剛開始他並不喜歡籃球，對當年的他來說，籃球只不過是一種遊戲。姚明的父親姚志源說，小時候，姚明和其他男孩子一樣，喜歡槍，後來愛看書，尤其愛看地理方面的書，有一段時間還對考古產生了興趣，再往後，喜歡做飛機模型，他第一次拿到薪水，就去買飛機模型，回來自己做，再後來就喜歡玩電玩了。

在學習上，姚明的父母從來不強逼姚明，而是以啟發為主，重視培養他的興趣，這種方式讓姚明享受到了學習的樂趣，長大之後，每當有人問起他的童年，他都會說：「我是玩過來的，沒人強逼我讀書。」其實，他

所謂的玩，就是讀自己喜歡的書，研究所有自己好奇的東西，由於樂在其中，就好像在玩一樣。

總之，每個孩子對知識的學習和掌握，都是被興趣牽引著，一步一步實現的。作為家長，應該珍惜孩子求知的興趣，並積極給予保護和鼓勵，從小引導孩子在自主求知中快樂學習。既要順其自然培養孩子的學習興趣，同時要循序漸進、正確引導，這樣才可能收到很好的效果。

- **把書桌變成孩子感興趣的地方**：孩子讀書、做功課需要有一個好的環境，一張自己的書桌是必不可少的，把書桌變成孩子感興趣的地方，就會讓孩子對在書桌上進行的學習活動感興趣。書桌要整潔，抽屜裡要有做各種功課所需的工具，當他需要時，立刻就能找到，不會因為缺少某件工具而中斷作業，心生煩躁。書桌美觀舒適，孩子一有時間就會坐到這裡開始他的學習活動。

- **每次學習時間不宜過長**：現在家長對孩子的期望普遍過高，他們希望孩子學習、學習、再學習，只要孩子坐在書桌前，不管其效率如何，家長就感到欣慰，所以總是催促孩子「坐好 —— 開始學習」。殊不知，這種做法很危險。無視孩子的心理特點，任意延長學習時間的做法，會讓孩子把學習和遊戲對立起來，厭惡學習，對學習沒有興趣，還會養成磨蹭、注意力不集中的壞習慣。因此，家長切勿目光短淺，捨本逐末，不能忘記培養孩子的學習興趣是最重要的事。

- **鼓勵孩子獲得成功，提高子女的成功感**：成功是使孩子感到滿足，並願意繼續學習的一種動力。孩子一旦獲得成功，就感到滿足，並願意繼續學下去。因此，家長應該鼓勵、引導孩子，讓他們體驗到成功的喜悅。每個孩子的智力、接受能力有所不同，家長應該全面了解自己的孩子，根據自己孩子的具體情況，為他們制定一些容易達到的小目標，這樣可

以讓孩子覺得能夠做到,他就有信心、有動力去做,就會獲得成功。當他體驗到成功的樂趣,就會有興趣、有信心去實現下一個目標。

- **讓孩子做老師,提供運用知識的機會**:家長可以與孩子一起學習,讓孩子做老師去教家長,試著交換一下教和被教的地位,孩子站在教方的立場,會提高其學習的欲望。

別拿成績當唯一標準

在傳統教育中,一試定乾坤,分數成了孩子的一生。由於分數,孩子被人為劃分為上、中、下幾等,由於分數,孩子被鎖定為聰明與愚蠢、有前途與沒出息幾類。然而,身為家長,應該清楚了解,教學的最終結果——分數,是不能完全展現整個豐富多彩的教學過程的。以考試來評價孩子,僅僅是方法之一,單純以考試分數來衡量孩子的優劣,顯然是不科學的。更何況,傳統的考試方法單調,模式單一,測試手法雷同,試題答案唯一,缺乏靈活性和創造性。如此考試得到的分數,又怎麼可能衡量孩子的優劣呢?

家長如果總拿分數碎唸,對孩子的成長會造成很不利的影響。

只看分數,會增加孩子的心理壓力和學習焦慮感,導致厭學。分數絕不是學生的一切,某一次考試絕不代表孩子學習的全部。可惜父母們往往是望子成龍、望女成鳳、急功近利,如此反而適得其反。父母過分看重分數,無形中給孩子增加了沉重的心理壓力,導致對學習的過度焦慮,嚴重時會令孩子對某些科目失去信心,導致厭學。

只看分數,會傷害孩子的學習積極性。每逢考試結束,孩子帶著考卷回家,很多父母的第一句話總是:考了幾分?當得知成績後,父母總是表現出不滿意的表情,「才 98 分呀,下次努力。」「這次考了 100 分,下次

要維持住喔。」事實上，父母對孩子的要求本來就很高，對孩子的現狀就沒有滿足的時候。孩子在得到這樣的答覆後會怎樣想呢？這樣孩子還有多少學習的積極性呢？

只看分數，不利於孩子與同伴、教師之間形成良好的人際關係，甚至出現人格缺陷。現在，很多人以分數來衡量一個孩子，這個孩子學業成績好，就是好孩子，學業成績差，就是壞孩子。身為父母，如果只是看分數，可以發現考試分數低的孩子，往往是孤立的，朋友不多，喜歡的人不多，別人談笑風生，自己卻躲在角落；看到老師，就躲起來，要不然就裝作沒看見，長此以往，會導致孩子不說話、內向、孤僻、偏激。

考試分數是學校在教學過程中，對學生的某門課程進行一定階段上的檢查。它只是在一定程度上反映學生對知識的了解情況，而不能反映孩子的智力水準和綜合資質，更不能以分數的高低來評斷學生優劣。身為家長，注重孩子的學業成績，是關心孩子的具體表現，但應如何看待分數，卻是一個客觀而又嚴肅的問題，反映著家長對子女教育的態度、方法及其成敗。

- **家長既要看孩子的絕對分數，又要看相對分數**：這就是說，家長在看待孩子的分數時，既要看分數的多少，又要看所得分數與孩子自己比，是進步了還是退步了，與班內同學比是位於上等、中等還是下等。如果與自己比進步了，那麼家長就應稱讚和鼓勵孩子，反之，就要幫孩子分析退步的原因。當與同學比較時，要清楚自己孩子在班級中所處的位置，以便為孩子制定好下一步的學習計畫或方案。
- **家長不要給孩子規定分數的硬性目標**：如果家長給孩子規定考試分數的硬性目標，那就會壓抑孩子學習的積極性，使孩子產生畏懼心理，以至於產生厭學情緒和叛逆心理，還很有可能導致孩子考試作弊、對家長說謊等不良行為。

- **衡量分數時，要具體情況具體分析**：一般而言，孩子所在年級越低，學習內容就相對簡單些，考試所得分數也就相對高些，而隨著年級的升高，科目的增多，內容的加深，考高分相對來說就不是那麼容易了。另外隨堂測驗，得分可能高一些，而期中、期末考試，得分就可能低一些，而且分數往往還受題目的難易程度、考試範圍、孩子身體狀況、考前複習準備以及心理狀態等多方因素的影響。因此，家長不要只看分數的多少，而應具體情況了解才是。
- **家長要正視孩子的成績，幫孩子對考試做出客觀、準確的分析**：蘇霍姆林斯基曾經說：「一個學校只有當它能看到孩子的優點比缺點、壞處多十倍、百倍的時候，它才能有強大的教育力量」，這對家庭教育同樣具有指導意義。因此，明智的家長應正視孩子的分數，幫孩子客觀、準確分析考試，總結經驗教訓，肯定成績，指出不足，並耐心和孩子一起制定出可行的改進和提高方法。同時，還應看到成績以外的東西，也就是孩子其他方面的優點和長處，從關愛出發，揚長避短，在打好基礎的前提下，讓孩子的個性及其特長得以充分發展。

　　事實證明，考試教育下的高分、低能力，早已不受人們的歡迎。因此，家長們不要一看到孩子某次分數不高就失望。「天生我才必有用」，孩子各有各的特長，他做這行業不行，做另一行很可能就是高手。所以，在大力提倡資質教育的今天，孩子考試分數的高低，不足以代表其綜合資質的全面發展，也不應將分數作為定義成敗的唯一標準。

▍與孩子一起學習

　　每一位家長都有望子成龍、望女成鳳的願望，因此，幾乎每一位家長都希望自己的孩子刻苦學習，將來能夠出人頭地，有一個好的工作、好的

未來。但是，很大一部分家長自己卻很少學習。其實，在孩子成長的過程中，家長的影響很重要。身為家長，在教育孩子的同時，也要不斷學習，不斷反思，只有家長的內心是豐富的、積極的，才能培育出一個真正健康、快樂的孩子！

日本早期教育學家根本進先生提出了「母子一同教育」法。所謂「母子一同教育」就是母親和孩子一起去做某件事，如母子一起看電視，母子一起繪畫等。根本進先生親自擔任指導老師，舉辦畫展，他採取「發給母子同樣題材，讓他們各自作畫」的獨特指導方式。根本進先生發給母子同樣的畫，讓母子分別來畫，藉以激發母親作畫的興趣。當母親聚精會神畫畫時，孩子也會受母親感染，會興致勃勃畫起來。在孩子的心目中，母親無疑是最偉大的，如果母親熱衷於某件事，孩子也會對這件事感興趣。如果母親同孩子一同做某件事，孩子會備受鼓舞，興趣大增。

由此可見，要想孩子努力學習，身為家長，必須先做出榜樣。只要家長有積極向上的心態，在家長的影響下，必將培養出勤奮好學、充滿自信的孩子。這比單純對孩子說教更有效。

那麼，家長應該怎樣做到與孩子一起學習、成長呢？

第一，家長積極參與到孩子的學習中。兒童時期，孩子主要是透過模仿學習的，所以教孩子的方法之一就是：行動起來，在他面前或是和他一起做點什麼。也就是說，不要光給孩子下命令，比如在糾正孩子的時候，不要簡單說，「不要東張西望，好好做你的功課。」你最好安靜坐在孩子身邊，然後翻看他喜歡的書籍，把他帶入到學習的意境中。平時也不要命令孩子「別總是想著玩，先做完作業再說。」其實，你可以關上電視，然後一起與孩子進行學習上的互動，如，考考他的記憶力，玩一些腦筋急轉彎等，在不知不覺中，調整孩子進入學習狀態。

第二，與孩子一起討論學習方面的話題。家長放下架子與孩子一起討論學習方面的話題，不但可以培養孩子提出問題、解決問題的能力，最重要的是提高他們對學習的興趣，使孩子獲得成就感，得到知識帶來人的快樂體驗。父母在必要的時候，可以「裝裝傻」，給孩子當當「小老師」的機會，會促進孩子不滿足於「知其然」，還養成「知其所以然」的好學精神。這完全符合「教學相長」的教育精髓。

第三，家長應多跟孩子進行交流。想要讓自己的孩子學業進步、生活快樂，那就和孩子一起交流、學習、談心，給孩子一片屬於自己的藍天。平時，家長可以每天抽一段時間，與孩子談論他們在學校學到的東西。比如晚飯時間是每個人可以分享自己一天所得的愉快時刻，家長問可以問一些開放式問題，像是你今天最開心的事情是什麼，而不要問那些可以用「是」、「不是」或點頭回答的問題。同時，讓孩子解釋他學過的東西，這能讓孩子鍛鍊自己的表達能力，達到溫故知新的效果，從而增強學習的興趣。

第四，與孩子一起學習時，家長的態度必須認真，不能應付。說起陪孩子學習這個問題，許多家長深有感觸：如果家長心不在焉，孩子也會顯得沒什麼興趣，而如果家長認真投入，孩子因為受到家長的感染，同樣也會認真學習。因此，要想讓孩子養成認真學習的習慣，如果只是說「你要怎樣做」的大道理，還不如家長和孩子一起認真去做。

第五，不要打擾孩子。許多孩子的注意力持續時間很短，而且難以培養他們長時間注意某物，因為小孩根本就無法像成人一樣集中注意力。要幫助孩子保持長久的注意力，家長能做的事就是：不要在孩子專心學習的時候打擾他們，不要介入，別讓他們注意力轉移到別的事情上。與此同時，值得注意的是，有些家長怕孩子學習時間長了，身體受不了，所以，在孩子學習的時候，經常是去關心，並時不時來上一句：「要是累了就休

息一下。」自己以為這是對孩子的關心，其實，這是在打斷孩子的思緒。這種做法是不好的。

創造良好的求知環境

　　家庭是孩子的第一所學校，是孩子學習生活的第一環境，且將影響他的一生。如何給孩子創造一個良好的求知環境，營造一種容易激發孩子學習興趣的氛圍，是家長必須重視的問題。

　　營造良好的家庭求知氛圍，家長不僅要為孩子學業提供良好的物質條件，還必須為孩子建立一個良好的家庭環境。所謂良好的家庭環境，主要是指孩子生活和學習的良好精神環境。

　　為了孩子，建立學習型家庭，不僅是權宜之計，更是百年大計。從大的方面說，中國正在推動全社會「形成全民學習、終身學習的學習型社會」。國家的未來是靠年輕一代，家庭的未來是靠孩子，國家未來命運怎麼樣，的確要看今天孩子受教育的效果如何。那麼，同樣，從小的方面來說，未來個人家庭情況怎麼樣，也要看今天孩子的學習、掌握知識程度的情況。

　　在學習型家庭裡，家長的學習態度和學習精神，不僅決定其能否成為優秀家長，也影響孩子是否好學、能否成為學習型的人。為此，家長要帶頭學習，養成好學習慣，助長好學家庭風氣形成。好學家庭風氣是無價之寶，有了這種家庭風氣，好學之人、有學之才就會從這家中源源不斷湧現。學習型家庭提倡家長和孩子一起學習、相互學習。特別是在網路時代，家長與孩子都處於同一起跑點。

　　同時，一個求知氣氛濃厚的家庭，每位成員都會確立終身學習的理念，都會懂得終身學習的意義，明白每一個人在任何生命階段都要不斷學習。學習不再是孩子獨有的活動，而是人生永恆的主題。學習成為生活中

不可缺少的部分，每個人只有透過學習，才能有良好的適應性，跟上社會的變遷與時代潮流，真正獲得生存與發展的空間。

家長為孩子創造一個良好的求知環境，應從以下幾方面做起：

- **一個良好的家庭氛圍應該充滿「愛」**：愛不僅是家庭教育的一部分，而且是家庭教育的前提。家庭教育必須要在愛的基礎上建立，少了愛就無法實施教育。

- **一個良好的家庭氛圍，應該有良好的精神品質**：要想給孩子一個良好的家庭教育氛圍，家長就應該追求良好的精神品質，充實家裡精神層面生活。

- **家庭要為孩子營造一個良好的讀書環境**：家庭環境對孩子有潛移默化的作用，家長可以在家中設置一個專門讓孩子看書的地方，將書籍分門別類擺放整齊，方便拿取閱讀。家長還要和孩子一起讀書，最好家人有共同時間一起看書，讓孩子感受到濃郁的讀書氣氛。家長與孩子一起閱讀時，孩子能從家長身上獲得許多認知和語言的進步，還可以增進親子之間的感情！長時間下去，孩子就會形成良好的閱讀習慣。此外，要善於利用圖書資源。家長和孩子可以經常到圖書館、書店，借閱或購買一些書籍，增加閱讀書籍的種類。培養孩子買書、愛護書籍的習慣。家長可以為孩子訂閱報刊，讓孩子自己選擇訂閱主題。也能透過電腦、平板電腦等，讓孩子觀看電子書或有聲書。

- **學習互動與學習互助相結合**：家庭是屬於全家人的地方，不只是家長的，也是孩子的，每個家庭成員都希望在這裡得到自己所需要的照顧和心靈支持，所以「家」需要大家共同維持。因此建立家庭公約，包括學習習慣，不僅可以養成家人良好的生活習慣，而且可以讓家庭生活步調更有節奏，家庭氣氛更加快樂。家長要主動擔任指導工作，同

時安排和發揮孩子積極心態，不斷展現孩子與家長之間的雙向互動。家長還要積極安排家庭成員之間的互助，以分享家庭資源的互動方式，交流學習中的體會，取長補短，共同探討、共同進步。

- **家長要不斷反思自己對孩子的教育和影響**：家長在教育孩子熱愛學習的時候，別忘了要不斷審視自己，反思自己營造的家庭氛圍對孩子會有怎樣的影響。現在大多數家長認為自己對孩子擁有至高無上的權利，孩子的一切都被他們安排好了，不管這樣的安排是否正確，孩子都沒有任何選擇的餘地，只能被迫接受。

- **良好的家庭氛圍不應該過於嚴苛**：家長對孩子的期望，能使孩子感受到家長的關心和愛，是激發孩子積極向上的動力。但脫離孩子實際水準的過高期望，會造成家庭教育對孩子的一種高壓狀態，一旦孩子達不到家長的要求，家長便失望、抱怨甚至打罵，影響家庭和諧氛圍。因此家長應實事求是調整對孩子的期望，為孩子的幸福成長著想。

　　總之，為孩子提供良好的家庭求知環境是家長的努力方向，也是家長義不容辭的責任。

▌累積讓孩子博學多才

　　「不積跬步，無以致千里；不積小流，無以成江海。」這句話告訴我們淵博的知識來自點滴累積。沒有累積，哪來收穫呢？

　　從幼發拉底河的文明之花，到如今人類文化的美麗果實，從刀耕火種的原始社會，到今天資訊爆炸的新經濟時代，人類社會的發展過程，都是一個知識累積的過程。

　　知識是指人們在改造世界的過程中，所獲得的認識和經驗總和，而知識累積，則是人們對知識進行儲存以及對知識進行改善的過程。它包括個

人知識由少到多的累積，既是量的增加，也是質的提升。身為家長，有責任讓孩子知道知識累積的重要性。孩子只有意識到知識累積的重要性，才能把更多的時間、精力與熱情投入到學習中。

古今中外但凡有學問、有成就的人，都十分注意知識累積。當知識的累積達到一定的程度，就會轉化為個人成長的智慧。對一個人來說，從書本上學習知識、從生活中擴大視野，是非常必要的。

鄭樵是宋朝著名的歷史學家。他的代表作《通志》是一部歷代典章制度的通史，博大精深，達 200 卷，500 多萬字。《通志》一書包羅萬象，不僅記載了古代社會的歷史，還涉及動物學、植物學、文字學、音韻學等超越史學範疇的內容，把史學研究的範圍擴大到前所未有的深度與廣度。

鄭樵是福建莆田人，父親鄭國器是當朝頗負名望的大學士。鄭樵從小耳濡目染，學習勤奮，對諸子百家尤其感興趣。

鄭樵 16 歲那年，父親去世，從此家道中落，生活每況愈下。為了替父守孝，更為了不中斷學業，鄭樵走進深山老林，在莆田西北山下的一座茅屋內隱居起來，一邊守孝，一邊用功讀書。

單調枯燥的讀書生活十分清苦，但鄭樵卻樂在其中。遇上嚴寒天氣、狂風肆虐，破舊的草堂四面來風，瑟瑟發抖的鄭樵，一邊以單薄身軀辛苦抵禦門口吹來的寒風，一邊燃燈苦讀。鄰近的村民深深被他這種鍥而不捨的學習精神打動，紛紛主動關心他、幫助他。有時送來一碗米飯給他充飢，有時拿來一把茅草幫他修補茅屋。

鄭樵在深山裡整整隱居苦讀了 30 年。無論酷暑寒冬，無論生活條件多麼困苦，都未曾動搖他窮盡學問的意志。他博覽群書，認真研究了歷史、天文、地理、生物、醫藥和語言文字等各方面的學問。由於長期不間斷學習，鄭樵累積了無與倫比的豐富知識，為晚年「集天下之書為一

書」，撰寫《通志》這部浩瀚的歷史巨著打下了扎實的基礎。

鄭樵讀書的時候很注重系統性，他常常花很多工夫去整理讀書筆記，然後根據自己的體會寫成新作品。他說：「善於讀書的人必須懂得整理知識，把知識整理得有條不紊，才能達到融會貫通的地步。」

鄭樵堅決不死讀書、讀死書。他總是把知識與實踐結合起來學習，平時他重視實際觀察、親身體驗。比如他在學習天文的時候，除了記熟書上所說的各星座名字，到了晚上，還會按照書上所說的方位，去尋找這些星座，把它們在天空中的位置、亮度、特徵，都一一記錄下來，補充書本知識的不足。又比如他在學習動植物知識的時候，常常跑到田野裡和池塘邊，觀察各種鳥獸蟲魚、花草樹本，熟悉它們的形狀、特性，留心它們的生活和生長過程。他還常常向農民、漁翁、樵夫、獵人請教有關各種動植物的知識。

鄭樵自學成才，他鑽研了一門又一門的學問，弄懂了一個又一個學科。他一生著作竟達 84 種、1,000 餘卷。如此巨大的成就是來源自對知識的熱愛、堅定的信念及頑強的毅力。

正因為鄭樵勤於累積，善於總結，最終學有所成。由此可見，一個人只有在年輕的時候認真學習，累積下扎實的基礎，以後才能做成大事。要知道，知識的殿堂，需要一磚一石，慢慢堆疊而成。

對孩子來說，培養孩子累積知識的能力，可以鍛鍊孩子分類整理的能力。孩子在累積整理的過程中，能夠將知識分門別類整理在一起，長期堅持會對孩子其他方面的發展產生正面影響。學會累積的孩子，在生活中不會是一個雜亂無章的人，他們的學習能力都比較強。

同時，累積可以幫助孩子鞏固所學的知識。比如，在學校裡，孩子在複習時，累積就幫了大忙，能夠有事半功倍的效果。

　　勤於累積，對寫作也有好處。孩子的寫作內容往往離不開平時的累積。

　　此外，從心理角度來說，累積能讓孩子獲得自尊與自信心。因為擁有其他孩子所沒有的知識，能讓孩子得到很大的滿足感與成就感，他也更能體會知識累積的重要性。

　　當然，孩子的知識累積，更是一種對人生的累積，因為生活點滴即成人生，有豐富累積的孩子，必定擁有豐富精彩的人生。

　　那麼，家長應該如何引導孩子學會累積呢？

· 告訴孩子要多讀書，累積課內、課外的知識，不要只讀課堂上的書，而不讀課外書。

· 支持孩子多參加課外活動，到課堂外去累積知識。孩子有了廣闊的視野，他們的學習才會更有熱情，他們累積的動機才會更加明確。

· 引導孩子事事留心。生活就是一所大學校，如果能把生活的知識累積下來，那對孩子的一生而言無疑是大有助益。

· 培養孩子經常思考的能力。善於把自己的思想總結，這是個很重要的累積方法。倘若孩子每天都沒有規劃的趕著學習，既不回顧，也不總結，又不思考，那必然失去很多有價值的啟示。

▌專注是學習優秀的保障

　　俄羅斯教育家烏申斯基（Konstantin Ushinsky）說過「注意是心靈的天窗」。只有打開注意力這扇窗戶，智慧的陽光才能撒滿心田。注意力是孩子學習和生活的基本能力，注意力的強弱直接影響孩子的認知，及其入學後學業成績的高低。

　　觀察一下那些拿到優秀成績、做事有條不紊的孩子，就不難發現，他們都有一個共同的特點：注意力集中、專注能力強。在孩子的學習生涯

中，我們與其不斷操心孩子的成績，不如培養孩子專注的能力。只要孩子的注意力集中了，他的成績又怎麼可能不優秀呢？

　　一個智力缺陷孩子，每個人見了他都會煩，包括他的家長，沒有人能教育他，只得求助康復中心。於是，家長把他帶到一家兒童教養中心，但那裡的老師也無法管教他，他不停地在課堂上發出像警車鳴叫般的聲音，讓其他兒童驚嚇不已。接著，他的手不斷在玩東西，一刻也不休息，連睡覺他的手也在動。

　　老師說這樣的孩子沒救了，讓他自生自滅吧。

　　一天，這個孩子發現地上有支筆，他像平常一樣不停玩這支筆，不斷在地上畫著線條，沒有人能阻止他這麼做。

　　第二天起來，他繼續畫。

　　細心的老師發現他畫的這些線條，她驚呼：「天啊！他竟然會畫畫！」

　　其實，這些線條不是畫，但是一個智力不足兒童能畫出圓、方形的輪廓也足以讓人驚訝。

　　老師再也沒有像往常一樣奪走他手中的東西，而是讓他在地上畫，或者在地上鋪白紙，讓他在紙上畫，然後又給他不同顏色的水彩筆，除了睡覺之外，他都在畫畫，沒有人指導他，他的世界裡只有他自己和水彩筆。

　　10 年後，他畫的畫被人拿到了拍賣會，竟賣出去了，他得到了 16 英鎊，而且被許多資深畫家看好。

　　他就這樣一舉成名，他的名字叫理查‧范輔樂，蘇格蘭人，他的作品在歐洲和北美展出 100 多次，已賣出 1,000 多幅作品，每幅的售價是 2,000美元。

　　很多人感慨一個智力缺陷的孩子竟然可以成為畫家，其實只因為他的眼裡沒有其他的誘惑和干擾，只有他的水彩筆，所以他獲得了成功。

有不少孩子從上學開始，家長們不斷接到老師的投訴，上課幾分鐘後，孩子就開始躁動、說話，上課走神，不知課堂在講什麼，更不知老師所給的作業。有的孩子雖然看似安安靜靜坐在那裡做功課，但實際上卻在神遊四方、心不在焉；作業中缺字、錯字情況很多，讀書時看錯字、看漏字也很多，考試中看錯題現象也十分嚴重。而孩子回到家，學習時也非常不專心，一會看看電視，一會喝口水，一會又要上廁所，總之不磨蹭幾個小時作業是做不完的，一有聲響就左顧右盼。

那麼，應該如何培養孩子的注意力呢？可以從以下幾個方面著手：

- **營造安靜、舒適的環境**：孩子的注意穩定性差，容易因刺激而轉移，這是孩子的普遍行為。家長應排除各種可能分散孩子注意力的因素，為孩子創造安靜、簡樸的物質環境。當孩子全神貫注做某件事時，成人不應該隨意打擾孩子。我們經常會看到，孩子正聚精會神疊積木，爸爸走過去問吃飽了嗎，過一下子，奶奶又走過去讓孩子喝果汁，又一會兒，媽媽又叫他幫忙去拿東西。孩子短短幾分鐘的活動被大人們打斷數次，時間一長，自然無法集中注意力。所以，在孩子專心做事時，家長最好也坐下來做些安靜的活動，切忌在旁邊走來走去，打擾孩子。

- **從孩子感興趣的事情入手**：孩子對感興趣的事物自然特別關心，更會集中注意力聆聽、學習、問許多問題，這時候，家長要給予孩子滿意的答案。比如，可以從繪畫、走迷宮等入手，培養孩子的專注力，如果孩子持續的時間比較長，家長要表揚孩子，讓孩子體驗到專心做好一件事情的好處。

- **培養孩子的自我約束力**：孩子的自制能力較差，是注意力容易分散的另一個重要原因。當有新刺激出現時，成人可以約束自己不去關注

它，但孩子卻很難做到。因此，為了培養孩子的注意力，成人可以設置情景，逐漸提高孩子的自我約束能力。

- **要求孩子在規定的時間內完成作業**：如果孩子作業太多，可以分段完成。有的家長因為孩子注意力不夠集中而在旁「站崗」，這不是有效的辦法，因為長期這樣，會使孩子產生依賴心理。此外，家長也應該了解，研究表示，孩子注意力穩定時間分別為：5 ～ 10 歲 20 分鐘，10 ～ 12 歲 25 分鐘，12 歲以上是 30 分鐘。如果想讓 10 歲的孩子 60 分鐘專注完成作業幾乎是不可能的。

- **訓練孩子善於「聽」的能力**：「聽」是獲得資訊、知識的重要途徑。會聽對孩子來說相當重要，因為家長多半是以講解的方式向孩子傳授知識。家長可以透過聽，來訓練孩子的注意力，比如家長可以讓孩子聽音樂、聽小說，鼓勵孩子用自己的話來描述聽到的內容，從而培養專心聽講的好習慣。

▋鼓勵孩子多問「為什麼」

　　疑問是開啟成功之門的鑰匙，遇到事情總問「為什麼」，有助於培養孩子積極動腦的習慣，勤問「為什麼」能幫助孩子建立對事物的濃厚興趣，而只有對某種事物有興趣，孩子才有可能在這一個領域裡有所成就，獲取成功。鼓勵孩子提問，培養孩子多問「為什麼」的習慣，是開發孩子智力的最佳方法。

　　一位人才學家曾經說過這樣的話：「凡是為人類貢獻過創造之果的人，他們全身上下的口袋，裝的都是問題。」在日常生活中，也許孩子的問題看起來荒誕不經，但是卻總能從他們提問時的眼神中，看到他們所提出的問題是不容忽視的，更是不可嘲笑的。

　　兒童期是問題最多的時期，特別是幼兒期，我們稱之為「提問期」。這一時期的孩子什麼都要問，而且還有打破砂鍋問到底的氣勢，經常讓成人難以招架。他們的小腦袋裡不停地冒出「怎麼」、「什麼」、「為什麼」，聽完故事他們，總是問家長講故事時用到的詞語是什麼意思。如：什麼叫羨慕？什麼叫打草驚蛇？

　　孩子的提問是一種借助成人力量，對周圍環境進行認知上的探究行為，是孩子求知的萌芽。他們透過提問來理解事物之間的相互關係，並從中獲得思考方法，提高觀察能力。孩子的提問過程通常蘊含著強烈的探索精神。作為家長，應該認真傾聽他們的發問，用容易懂的語言給孩子解釋，多帶孩子到大自然中去，讓孩子認識一些物理現象。如果孩子沒有問題，家長也要主動說給孩子聽，不要以為孩子小、聽不懂，其實在他們似懂非懂的時候，也能了解許多知識。孩子們的大腦非常活躍，家長們不能忽略從小對孩子的教育。

　　馬克士威從小就有很強的求知慾和想像力，愛思考，好提問。據說還在他兩歲多的時候，有一次爸爸領他上街，看見一輛馬車停在路旁，他就問：「爸爸，那馬車為什麼不走呢？」

　　父親說：「它在休息。」

　　馬克士威又問：「它為什麼要休息呢？」父親隨口說了一句：「大概是累了吧？」

　　「不，」馬克士威認真地說，「它是肚子痛！」

　　還有一次，姨媽給馬克士威帶來一籃蘋果，他一個勁地問：「這蘋果為什麼是紅的？」阿姨不知道怎麼回答，就叫他去玩吹肥皂泡。誰知他吹肥皂泡的時候，看到肥皂泡上五彩繽紛的顏色，提的問題反而更多了。

　　上中學的時候，他還提過像「死甲蟲為什麼不導電」，「活貓和活狗

摩擦會生電嗎」等問題。父親很早就教馬克士威學幾何和代數。上中學以後，課本上的數學知識馬克士威差不多都會了，因此父親經常給他開「小灶」，讓他帶一些難題到學校裡去做。

每當同學們歡蹦亂跳地玩的時候，馬克士威卻進入了他的數學樂園，他常常一個人躲在教室的角落裡，或者獨自坐在樹蔭下，入迷地思考和演算著數學難題。

長大後的馬克士威（James Clerk Maxwell）主要從事電磁學、分子物理學、統計力學、光學、力學方面的研究。尤其是他建立的電磁理論，將電學、磁學、光學統一起來，是 19 世紀物理學發展最光輝的成果，是科學史上最偉大的理論之一。

愛提問是所有科學家們的共同特點，正因為他們有很多不明白的地方，所以他們才不斷尋求解答，直到把問題弄清楚為止。在學習、生活中，甚至到今後的工作過程中，我們也應該有不斷提出「為什麼」並且一個個去解決突破的精神。只有這樣，我們才能夠體會到學習的樂趣。而對於孩子來說，一個只會讀書、不會提問的孩子是不會成功的。

心理學關於思考的描述有這樣一段話：發現問題是思考中最重要的環節。沒有問題的思考是膚淺的、被動的。當個體感到需要問為什麼、是什麼、怎麼辦時，思考才算真正發動，否則，思考就難以展開和深入。愛提問題的孩子，求知慾是旺盛的，是思考形成的表現，只有在不斷發問、解決問題的過程中，才能激發孩子的創造能力。

多問「為什麼」，並且不斷找解答，可以豐富孩子的知識，更可以提高他們的智慧；多問「為什麼」，還能提高孩子的理解能力，在尋找的過程中，孩子的熱情被激發起來，思考也能得到很好的開發；多問「為什麼」，還能培養孩子的創新思維，孩子能從問的角度思考，得出他自己的

結論，這對孩子的發展無疑有很大的幫助；多問「為什麼」，能培養孩子的自學能力，讓孩子從學習中獲取自己需要的答案，既培養了孩子的主動性和積極性，又讓孩子認識到了獲取知識的手段。

一個愛問「為什麼」的孩子，是一個充滿好奇又不斷探索思考的孩子。家長應該鼓勵孩子多問，對於孩子的問題，不管是學習上的，還是生活中的，都不要不耐煩，應該積極配合解答。

讓孩子學會獨立思考

美國物理學家雷恩沃特（Leo Rainwater）小時候非常擅長思考，他能夠從其他人認為很平凡的事物中，想到一些更深層的問題。

雷恩沃特上小學的時候，在一次語文課上，老師問：「同學們，你們說 1 加 1 等於多少？」

「等於 2。」同學們異口同聲回答。

只有雷恩沃特若有所思地看著老師，沒有回答。

老師有點疑惑，就問他：「雷恩沃特，你怎麼不回答呢？難道你不知道這個問題的答案嗎？」

雷恩沃特想了想，對老師說：「老師，我不是不知道 1 加 1 等於 2，可是您為什麼要問我們這個簡單的數學題呢？您是不是有其他的答案？」

聽了雷恩沃特的話，老師感到非常高興。因為，老師提這個問題的目的被雷恩沃特說對了！老師微笑著對大家說：「同學們，雷恩沃特說得沒錯。從數學的角度來說，1 加 1 等於 2，但是，從其他角度來說，1 加 1 未必等於 2。就像我們今天要學的這篇文章裡所說的，兩個人互相幫助，兩人的力量就大於他們單獨力量總和。所以，我們要互相幫忙，互相關心，做個樂於助人的人。」

第五章　恨鐵不成鋼讓孩子更厭學

　　愛因斯坦說過：「學會獨立思考和獨立判斷，比獲得知識更重要，不下決心培養思考習慣的人，將失去生活的最大樂趣。」在現實生活中，許多家長在管教孩子的時候，常常會出現這樣的情況：一方面要求孩子對待學習和生活中的問題要自己想辦法解決，另一方面卻對孩子沒有信心，當孩子遇到問題的時候，總是怕孩子沒有經驗，自己不能解決問題，因此想方設法幫助孩子解決。家長這種「捨不得」讓孩子獨立思考、自己解決問題的做法，不僅會讓孩子養成過分依賴的習慣，而且阻礙了孩子獨立性的養成。而獨立分析和解決問題的能力，對孩子的發展是很重要的，它是孩子在社會上生存，以及進行創造性活動必備的能力，是孩子成才的基本前提。一個沒有獨立思考能力的孩子，談不上有獨立性，更談不上在今後的事業中有所發展。因此，培養孩子獨立思考與解決問題的能力很重要。

　　要培養孩子的獨立思考能力，就要提供一些機會給孩子自己去思考、去感覺：什麼對、什麼錯，什麼應做、什麼不應該做等等。

　　那麼，家長在培養孩子獨立思考的能力時應該做些什麼呢？

　　第一，創造一個思考的氛圍。這對孩子形成獨特的個性，表現有創新的思維、舉動很重要。家長不能因為孩子小，需要成人照顧，就把他看成是成人的附屬品，要受成人支配。孩子也是一個完整、獨立的個體，應該允許他有自己的世界，有自己的空間。有句話說：「什麼樣的家長，教出什麼樣的子女。」因此，在家長努力啟發孩子創造力時，不要忘了同時培養自己的創造力，讓自己能欣賞創造力，並能與孩子創造力互動。因此，不必在孩子與孩子間製造競爭壓力，也不必為了培育創造力，將家庭生活弄得緊張、沉重；更不必一改常態，變成嚴肅又過分認真的家長。真正成功的創造力培養者，是能與孩子一起學習、一起成長，像朋友般傾聽孩子的心，了解孩子的舉止，知道何時給他掌聲，何時拉他一把，從來不嘲

笑，沒有命令、沒有壓抑的家長。

第二，讓孩子學會思考。家長在與孩子相處與交談中，要經常以商量的口氣，進行討論式的協商，留給孩子自己思考的空間，要給孩子提出自己想法的機會。家長可根據交談內容發問，如：「這兩者有什麼關係？」「你覺得怎麼做會更好？」等問題，以引起孩子的思考。對於已上學的孩子，可採用啟發式，誘導孩子逐步展開思考。當孩子在想問題時，家長不要太性急，而應該留給孩子足夠的思考時間。尤其不要輕易把答案直接告訴他們，孩子答錯了，可用問題幫助他們思考，啟發他們自己去發現和糾正錯誤。

第三，培養孩子創造性思考的習慣。這可以從以下幾個方面努力：

- 培養孩子打破砂鍋問到底的習慣，鼓勵孩子凡事常問個為什麼。家長要不厭其煩給予正確回答。對孩子的提問表現出感興趣的樣子，與孩子一起去思考，去尋求未知的答案，孩子提出問題的欲望就會不斷增強。

- 不阻止孩子探索性的行為活動。像是孩子為了了解，拆解了玩具和物品，大人不要生氣、譴責。

- 傾聽孩子有意義的「亂說」，允許孩子有「稀奇古怪」的想法。像是遇到交通堵塞的時候，孩子向你描述他要打造一款有翅膀的汽車，如何在天上飛過去時，家長也可在旁邊添油加醋。

- 欣賞孩子的自由繪畫，多給孩子一些啟發式指導。如孩子畫汽車，可以問他，汽車是開在田野裡，還是大城市裡？車上有幾個人？司機是男的還是女的？

- 要讓孩子有單獨玩耍的時間和空間。孩子在自己房間專心玩時，不要隨意打斷。

總之，家長要給孩子營造一個思考的空間，放開手，讓孩子大膽地去想，並認真傾聽孩子的想法，即使有時需要家長幫忙想，也應該與孩子把你跟他的兩種思想作比較，讓孩子不但知其然，還要知其所以然，這樣，才有助於培養孩子獨立思考的能力。

良好的學習習慣很重要

談起孩子學習習慣的培養，許多家長必定感同身受。在生活中，很多孩子因為沒有養成良好的學習習慣，學習時注意力不集中，邊學邊玩；寫作業時馬馬虎虎、潦潦草草，應付過關；答題時，還沒看清題目就匆忙作答，明明會做的題目，因為粗心大意，卻做錯了……類似的事情數不勝數，讓家長們相當煩惱。

突出的學習能力、優秀的學習成績是每一個孩子與家長的共同心願。「授人以魚，不若授之以漁，授人以魚只救一時之急，授人以漁則可解一生之需。」這話說得正是方法的作用，也就是說，讓孩子掌握有效的學習方法、擁有良好的學習習慣是非常重要的。因為，它才是提高孩子學習能力，和學習成績的重要途徑和手段。為了讓孩子更加輕鬆愉快穫得優秀的成績，家長們應從培養孩子良好的學習習慣開始。

良好的學習習慣可以提高學習效率，使學習的過程變得非常輕鬆，這樣，孩子就能節省出很多時間，或者是在相同的時間，就能夠學到比別人更多的東西，取得事半功倍的成效。

良好的學習習慣可以提高孩子的考試成績，幫助孩子建立對學習的自信心。孩子在學習的過程中，能不斷體驗到成功與自信帶來的喜悅，有益於孩子的成長。

良好的學習習慣能幫助孩子更好發揮天賦，而拙劣的方法則可能阻礙

才能發揮。學習中，不但要付出辛勤的汗水，還要採用適合自身的學習方法，更重要的就是，不斷調整適合自己的學習方法，這樣才能有更大的進步空間。

良好的學習習慣，能讓孩子學習起來得心應手，興趣上升。濃厚的興趣，無疑是孩子可以獲得成功的前提條件，而不好的學習習慣，讓孩子多走了許多彎路，既浪費時間，又降低孩子的學習興趣，削弱孩子學習的信心。

由此可見，學習習慣對於孩子而言意義重大。身為家長，讓孩子掌握適合自己的學習習慣，相當重要。

要想讓孩子養成良好的學習習慣，家長可以從以下幾個方面做起：

· **為孩子制定學習目標和計畫**：在學習過程中，許多不利因素都會影響孩子的學習狀況，導致孩子學業成績下降，或是無法安心學習等情況。有的孩子雖然能夠承受壓力，甚至對學習的興趣很濃厚，但是當面對眾多的書籍和繁雜的功課時，常常摸不著頭腦，不知該從什麼地方下手。因此，家長應該及時幫助孩子制定新的、正確的學習目標和計畫，積極引導和鼓勵他。

· **養成以正確姿勢看書、寫字的習慣**：在孩子剛剛學寫字的時候，家長就要協助老師認真教。剛開始練習寫字時，不要讓孩子每次寫很多字，也不要求快，更不能催促孩子。練習寫字的初期主要應強調正確，寧可慢些、少些，也一定要寫好。不少孩子到四、五年級就想學大人寫草書，這是不可取的。

· **要讓孩子養成定時、專心學習的習慣，以提高學習效率取得良好的成績**：家長應嚴肅正視孩子的學習，給孩子提供良好的學習環境和學習時間，不能因故分散孩子的學習精力。這樣做，孩子就會把學習當做生活中的必要事情來完成，養成定時、專心學習的習慣。

- **養成課後複習和課前預習的習慣**：身為家長應注意孩子對新舊知識的掌握情況，有計劃、目的指導孩子複習，並做好複習檢查工作，培養孩子良好的複習習慣，使知識系統化、連貫化。孩子有了一定的自學能力後，即可指導孩子對即將學習的課程進行預習，這樣教師講課時，孩子就能掌握重點、解決困難，有利於接收新知識。
- **要培養孩子獨立完成作業的習慣**：不管孩子提出什麼理由和藉口，當天的作業必須讓孩子當天完成。孩子做作業遇到困難，家長只能給予講解和引導，鼓勵他自己去克服困難，找到答案，絕不能代替孩子完成。
- **培養孩子廣泛閱讀的習慣**：蘇聯教育家蘇霍姆林斯基說：「讓孩子變聰明的辦法不是補習，不是增加作業，而是閱讀，再閱讀。」因此，家長要不斷挑選各種適合孩子閱讀的書籍，引導孩子認真閱讀，養成他廣泛閱讀的習慣，這將使孩子終生受益。只要家長能持之以恆要求孩子，必然能培養孩子良好的學習習慣。

另外，值得注意的是，認真聽課是學習好的第一步和第一習慣。孩子上課不能長時間專心聽課、東張西望，經常做小動作、吃手、注意力分散；常常充耳不聞，心不在焉，對教師講的內容不感興趣，或無法理解老師課堂講授的知識；記不完整或記不住老師口頭安排的作業和事情；複述老師所講內容時，顯得語無倫次……這些上課不注意聽課的問題常常困擾著家長，值得家長關注。

▍學習能力代表孩子將來

俗話說「知識就是力量，知識就是生產力」。要獲得豐富的知識，要把知識轉化為力量與生產力，就應該加強孩子的「學習能力」。

所謂「學習能力」，指的是學習動力、學習毅力、學習能力和學習創

新力；是人們獲得知識、分享知識、使用知識和創造知識的能力；是衡量一個團體或個人綜合資質和競爭力強弱的真正標準。因此，人們又說「學習能力就是競爭力」。

學習是一輩子的事情，一個人只有每天學習，才會過得充實，與時俱進。

古往今來，社會一向崇尚知識、需要知識，因為知識相對於智慧會更穩定、更安全、更符合社會的發展。人是社會的一分子，社會賦予了我們生存的土壤，所以我們必須融入社會、回饋社會，這是每個人的生命義務。而學習知識、提高知識水準便成為我們每個人的首要任務，所以，我們必須建立一輩子學習的觀念，並在實際生活中，時時鞭策自己，每天都不忘記汲取新知識。

為此，要想自己的孩子有競爭力，身為家長，就應該從小培養孩子的學習能力，使其不斷自我學習、自我變革、自我超越、自我發展。只有這樣，孩子才能在未來的社會競爭中立於不敗之地。

「生命有限，知識無窮」，任何一門學問都是無窮無盡的海洋，都是無邊無際的天空……所以，誰也不能認為自己已經達到了最高境界而停步不前。如果是那樣的話，將很快被人趕上，很快被後人超越。

活到老，學到老。但凡傑出的人，都是終身孜孜不倦追求知識的人。在漫長的人生經歷中，即使再忙、再苦、再累，他們也不放棄對知識的追求，學習既是他們獲取知識的途徑，又是他們在逆境中的精神支柱。在他們看來，知識是沒有止境的，學習也應該是沒有止境的，學習使他們的思想、心理和精神永遠年輕，也使他們的事業蒸蒸日上。

有人問愛因斯坦：「您可以說是物理學界空前絕後的人才了，何必還要孜孜不倦學習？何不舒舒服服休息呢？」愛因斯坦並沒有立刻回答他

這個問題，而是找來一支筆、一張紙，在紙上畫上一個大圓和一個小圓，說：「目前情況下，在物理學這個領域裡可能是我比你懂得略多一些。正如你所知的是這個小圓，我所知的是這個大圓。然而整個物理學知識是無邊無際的，對於小圓，它的周長小，即與未知領域的接觸面小，它感受到自己的未知少；而大圓與外界接觸的周長大，所以更感到自己未知的東西多，會更加努力去探索。」

即使不考慮學習的功利因素，僅是學習本身，就是一件值得追求的事情；就是一件很快樂的事情。透過學習，可以充實頭腦、開闊眼界、擴展心胸，豐富精神和靈魂。如果學習不再是為了應付考試，不再是謀生的需求，不再是任何現實功利性目標的手段，那麼，學習的過程將會是輕鬆的、沒有壓力的、充滿樂趣的。學識淵博的人，必是內心世界豐富的人，也是對人生的美好有更深刻體驗的人。

那麼，家長如何培養孩子的學習能力呢？應從以下幾個方面著手：

- **激發孩子的學習熱情，強化孩子的進取心**：孩子的進取心大多是由外在的要求，進而轉化為自己的願望的。因此，目標教育是必須的，目標可以建立孩子的企圖心，可以引導孩子追求。
- **用表揚喚起孩子的求知慾**：任何人都需要鼓勵、需要表揚。在教育孩子的過程中，應該經常為孩子提供或創造獲得成功的機會。
- **家長樹立好學的榜樣**：培養孩子學習能力的最好方法是家長以身作則，家長是孩子的第一位老師，其言談舉止在日常生活中影響著孩子的一言一行，孩子行為學習的目標首先是家長，家長要求孩子做到的自己就要先做到。

第六章　沒有祕密的孩子長不大

　　每個人都有自己的祕密，對於成人而言，守護祕密更多代表責任和負擔；但對於孩子來說，擁有祕密並保守祕密是象徵走向成熟和獨立。

　　隨著自我意識的覺醒，雖然孩子越來越不滿足於凡事受父母控制、擺布的局面，但是成人世界的強大力量又令他們心生忌憚，於是祕密成為孩子作為弱者的一種自我保護形式。這種對自己內心世界獨享的體驗，可以讓孩子感受到個體的存在感和價值感。可以說，祕密是孩子內心的一種珍貴體驗。

　　同時，祕密可以幫助孩子走向獨立和成熟。孩子總有一天要走向獨立，而擁有個人祕密並能恰當處置，是走向獨立的要素。對個人來說，祕密往往與責任緊密相連，並且要獨立承擔責任。從這個意義上講，擁有祕密是孩子邁向獨立和成熟的必經之路，而沒有祕密的「白紙」是永遠長不大的。有遠見的家長應該允許孩子有自己的祕密。

▎為孩子保守祕密

　　每個人都有自己的祕密。祕密是人們掩藏在內心的、隱蔽的、看不見的、神祕的空間或想法。人們保護自己內心的想法，不被別人知道，實際上就是在某種程度把自己和別人隔離開來。對於成人而言，祕密更多代表著責任和負擔，而對於孩子來說，祕密則代表其自我意識的成長。

　　孩子有祕密是正常的，並非不健康、不應該的，它是孩子成長過程中正常發生的現象，大人應該允許孩子保持自己祕密，尊重孩子的祕密。對於孩子來說，和家長分享自己的祕密不是義務，而是對家長一種額外的信任、一份特別的回報。孩子願意和家長分享祕密，家長固然可以欣慰，但是千萬不要為了知道孩子的祕密，而失去孩子對自己的信任。其實，孩子擁有祕密是一件值得大人高興的事，因為可以讓孩子感受到個體的存在感和價值感。可以說，祕密是孩子內心的一種珍貴體驗。同時，祕密可以幫助孩子走向獨立和成熟。孩子總有一天要走向獨立，而擁有個人祕密並能恰當處理是走向獨立的要素。

　　下課了，老師剛從教室回到辦公室，同事就告訴她校門口有家長找她。老師連忙走去校門口，原來是麗麗的爸爸，見他焦急的樣子，老師忙問：「孩子出什麼事了嗎？」他一臉憂鬱說：「老師，麗麗最近常常從家裡拿錢，一開始很少，可是今天竟然拿了 500 元。」聽了麗麗爸爸的話，老師似乎不太相信，麗麗是一位活潑開朗的小女孩，在學校表現非常好，成績很優秀，平時與同學相處特別好，還是班長呢！怎麼會這樣呢？

　　老師連忙安慰道：「你別著急，把事情的經過告訴我。」

　　「老師，讓我到班上好好教訓她」。他要到班上，那不是讓全班同學都知道了嗎？不行！想到這，老師連忙說：「如果你相信我，這件事就交給我來處理。我會盡力處理好這件事的。」

「老師，我當然相信妳，但這孩子這次犯的錯太大了，妳一定要好好罵她！」

「放心吧！你再把這件事說得詳細些，我一定多教教她！」

透過進一步的交流，老師知道了，原來麗麗的父母開了服裝店，平時喜歡把零錢隨手放在櫃檯上的盒子裡，孩子經常悄悄從裡面拿一些錢，開始金額很小，父母就沒在意，直到這次拿了 500 元才重視起來。了解了事情的緣由後，老師讓麗麗的爸爸先回家。

回到辦公室，老師想了想，決定採取談心教育的方法來幫麗麗改掉缺點。於是，她來到教室說：「麗麗，來辦公室幫老師拿個東西」。麗麗一聽讓她幫忙特別開心，跟著老師來到辦公室。老師貼著她的耳朵說：「妳爸爸剛才來學校找妳，老師讓他回家了，妳知道他為什麼來嗎？」聽了這話，許麗的臉紅了，趕緊低下頭。老師接著笑著說：「小孩子都會犯錯，但只要勇於改正都還是好孩子。妳一直都是老師最喜歡的孩子，老師不會因為妳犯過錯而不喜歡妳哦！」聽老師這麼說，她像下了很大決心輕聲說：「老師，對不起！因為我常常拿家裡的錢，所以爸爸才會來學校。老師我已經知道這樣做不對了！」老師笑笑說：「妳勇於承認錯誤，又明白了這樣做不對，這樣很好，老師更喜歡妳了。不過以後老師還會看著妳哦！」許麗聽後很高興但又擔心說：「老師，您會把這件事告訴別的同學嗎？」「當然不會，老師會為妳保守這個祕密的，相信我！」老師說。聽到老師肯定的語氣，麗麗才放心離開了。

以後的日子裡，老師常常與麗麗交流談心，並與家長聯繫交流，麗麗也果真像變了一個人，再也不拿家裡的錢了，而且比以前更努力學習了。新年的時候，老師還收到一張麗麗寄的賀卡，上面寫著：「老師，謝謝您為我保守祕密，這件事令我難忘。」

第六章　沒有祕密的孩子長不大

假如當初老師一氣之下將麗麗偷錢的事公之於眾，麗麗也許就會懷恨在心，處處跟老師作對，不但不會改掉偷錢的壞習慣，還會變本加厲。但慶倖的是，老師為孩子的過失保密了，這實則也是在保護孩子的自尊心，孩子為此學會了自律。

其實，和成人一樣，孩子希望被他人承認，自己是一個獨立自主、有思想的個體，他也需要在自己的內心保留一塊空間。擁有祕密並非不健康，只要不涉及道德等原則問題，對於孩子的祕密不必探究。

祕密是一場「說」與「不說」的遊戲，當孩子發現自己有了祕密，代表他誕生了內心世界；當孩子考慮要不要把祕密說出來的時候，說明他已經具有追求獨立的願望；當孩子要求別人為自己保守祕密的時候，表示他已具備初步的責任感。身為父母，應樂意站在孩子的一邊，為孩子保守祕密。

▌別偷看孩子的日記

有一位作家說過，「日記是孩子的心聲所在。」是呀，隨著孩子的逐漸長大，孩子的祕密也逐漸多了起來，所以，孩童時期的日記，就成為孩子心理方面的重要紀錄。身為家長，一定要懂得，不要偷看孩子的日記，更不要以此來批評孩子。

可是，生活中有許多家長，他們習慣了對孩子過於保護和包辦一切的教育方式，他們一旦發現孩子對自己有所保留，竟千方百計翻看孩子的書信和日記，然後把其中的一些內容當作孩子「錯誤行為」的證據，拿來指責孩子，傷害孩子的自尊心。這樣做往往得不償失，只會進一步關閉孩子和家長之間溝通的管道，家長會因此失去孩子的信任。的確，家長關心孩子的心情可以理解，但這種過度保護、過度干涉、嚴重侵犯孩子隱私的做法是不妥的。

有的學生每看完簡訊都趕緊刪除，有的在自己的日記本上加鎖，有的還特意準備兩本日記，一本寫點無聊的東西，然後放進抽屜裡專門讓家長偷看，另一本則寫下自己的真心話，放在隱蔽的地方。其實，對孩子們來說，他們希望能擁有真正屬於自己的空間，以自由飛翔和探索。家長們不妨以護航者的身分，引領他們高飛，與他們打成一片，讓他們對家長有足夠的信任。

一項調查研究表明，近 30％的中小學生的日記和信件，被家長偷看過。很多家長，包括老師不希望孩子有隱私，而希望孩子的一切行為都在自己的掌控之中。事實上，很多家長忽視了日記就是孩子成長中的好朋友。

這是一位女兒寫給媽媽的一封信：

媽媽，您知道嗎？我們班上的同學幾乎都有兩個日記本，一本是給老師和爸爸媽媽看的，那上面寫的並不是我們的真實想法，只因為你們要看而寫的；另一本是記我們的小祕密的，是不會給任何人看的。每個人都有自己的心事和祕密，有些是可以給別人說的，有些只能留在自己的心底。媽媽，您是不是也有自己的祕密，您會告訴我嗎？

媽媽，我已經長大了，不再是個小孩子了，成長的煩惱會永遠伴隨著我，有的您能幫助我，有的您是幫不了的。當我失望、煩惱時，如果我不告訴您，我會在日記裡傾訴，把苦惱釋放；當我對您有意見但暫時又不想惹火上身時，我只能告訴我的朋友—日記，撫平自己的心情；當我犯錯時，雖然我會捂住耳朵不聽您的嘮叨，但我會在日記裡檢討自己；當我有了心跳的祕密，我會把它留在日記裡，也許不久之後，我也會笑話自己，但是現在我不能告訴您……

媽媽，別再偷看我的日記了。有時，我真想和您大吵一架，說您侵犯了我的隱私。可是我知道，我這樣做會令您更生氣，讓您傷心，但您想沒想過我的感受呢？您常教導我要尊重別人，您尊重我了嗎？

媽媽！女兒求求您了，別再偷看我的日記了，好嗎？

對此，一位家長如此解釋：

家長為什麼要偷看孩子的日記？是好奇？是為了抓住子女的把柄而懲罰子女嗎？大都不是。做家長的有家長的難處，尤其是做青春期孩子的家長。眼看孩子一天天長大，生理趨於成熟，但心理卻幼稚且不穩定。更令家長擔憂的是孩子自以為長大成人，尋求獨立。他們常常對家長的詢問三緘其口，抽屜要上鎖，和同學講電話也常避開家長，除了用「是」或「不是」簡單回答家長的詢問外，很少向家長談心裡話。這一系列表現自然引起家長的憂心和疑慮。家長希望了解子女心中想什麼，在外面做什麼，有沒有結交壞朋友，有沒有「過早戀愛」。他們深知社會複雜，缺乏辨別力的十幾歲孩子容易走上歪路。他們無法從別的管道了解孩子情況，只好借助孩子的信件和日記。

家長偷看孩子的信件、日記，以為看了放心，結果卻因此導致孩子對家長的心理防範更加嚴密，彼此的信任感減少，隔閡加深。家長想了解孩子的內心世界和人際交往情況，不應以偷看孩子日記為手段，而應該多與孩子交流、溝通，只有溝通，才是認識孩子、了解孩子的最佳管道。

▎給孩子獨立的空間

很多孩子大一點的時候，就不喜歡與家長同睡一個房間了，他們渴望獨立、渴望有自己的房間。對此，很多家長都積極支持，表示要給孩子

「自由的空間」。於是乎，他們從打造孩子的「愛的小窩」開始，努力建立起孩子的「自由空間」。他們不惜花重金布置孩子的房間，力求孩子的房間光照充足、通風良好、屋裡書桌和床鋪擺放位置。從此，他們以為孩子自由了，孩子的美好時光即將開始了。

可是，接下來的現狀令家長們很不解，孩子們都擁有了自己的空間，為什麼還在抱怨他們沒有自己「獨立的空間」呢？為什麼親子之間的矛盾並不因此就減少了呢？這到底又是怎麼回事呢？

讓我們透過以下兩個例子尋找答案吧 ——

範例一：

娟娟正在自己的房間裡寫作業，媽媽門也不敲就進來了。進來後，媽媽關心問道：「娟娟呀，作業做得怎麼樣了？有沒有什麼問題問媽媽呀？妳可不要貪玩哦，作業要認真做！」

娟娟不耐煩抬起頭：「媽，妳煩不煩？不就是擔心我不寫作業看課外書嗎？妳這麼不放心我，那就坐在我房間啊！」

娟娟媽媽因為被女兒識破，面子有些掛不住，訕訕說：「妳怎麼這麼不懂事呀，媽媽不是關心妳嗎？」

「可是，妳這是打擾我寫作業的思路！」娟娟一點也不領情。

範例二：

阿勝正在跟他的同學抱怨：「我媽真是的，無聊得要命，每天我回到家她都會一直問：『你今天跟誰一起回家？別跟女孩子走得太近，容易分心。』你說她這不是有毛病嗎？這個世界上除了男人就是女人，我怎麼能做到不跟女孩子走得太近呢？」

同學一聽這話，笑了：「我爸更嚴重，有一次我在打電話的時候，發現他居然在客廳裡偷聽我的電話，我真的不知道該說什麼了。」

沒錯，家長的確給了孩子「空間」──房間，可是孩子擁有自己的獨立房間，並不代表擁有獨立的空間。真正意義上的獨立空間是：家長少干涉孩子的事情，放開手讓孩子自由飛翔，讓孩子擁有屬於自己的發揮空間。

　　那麼，我們應該如何做到，從小給孩子真正意義上的獨立空間呢？以下的這些做法可供家長們參考：

- **設一個玩具角落，給孩子一塊獨立的小天地**：在家中給孩子設立一個玩具角落，那裡擺放孩子的玩具箱，周圍還有一塊可供他玩的地方。有了這個玩具角落，孩子可以自主選擇玩具來玩，那些孩子喜歡的物品他也能自己收到玩具箱中。對於這些玩具，無論是新的還是舊的，只要是他們自己找的、自己翻出來的，都會感到新奇，玩得高興。有了玩具角落，不但可以給孩子獨立玩、自主玩的空間，還可以培養他的許多良好習慣，比如物歸原位的習慣、整理東西的習慣。

- **設一個書架**：在孩子玩具角落的旁邊，家長還可為孩子設一個書架，在書架上擺放上孩子喜愛的各種兒童讀物。有了這個書架，孩子就可以自己選擇喜歡的書來看。當然，在孩子玩累了的時候，書對他們來說更有吸引力，他們可能會順手從書架上拿一本書來看，這樣的布置，為孩子的閱讀和今後的學習做了良好的基礎。

- **給孩子自己保管食物，給孩子自主的權利**：孩子愛吃的東西，家長替他保管，反而會增加孩子對「吃」的欲望，導致他想方設法要吃到那些東西。最好的辦法就是：家長乾脆把保管權交給孩子自己，甚至可以給孩子空出一個位置，讓他無論是吃的、喝的都自己收到那裡，並對他約法三章。這種做法，讓孩子有一種「自我」的意識，當他吃「自己」的東西時，自然而然就會想到，「我是不是應該讓爸爸媽媽、爺爺奶奶跟我一起分享呢？」

- **讓孩子獨立交際**：孩子是自己的，也是社會的，將來他要面對社會。所以，家長必須要為他創造機會，讓他去與人接觸，與人交流，培養孩子獨立交際的能力。比如，帶孩子一起去超市購物，讓孩子拿著錢獨自去付款，或者是，讓孩子自己到商店裡買東西等。此外，還可讓孩子學著接電話，與電話裡的人進行交流。這樣的做法，不但能提高孩子的社交能力，還能培養孩子的語言表達能力，對孩子的發展是十分有利的。

- **尊重孩子的隱私權，允許他們有自己的祕密**：這一點對很多家長來說是最難做到的，很多家長以「保護孩子」、「我這樣做都是因為愛你」為名，漠視孩子的隱私，隨便翻看孩子的日記、簡訊、郵件，偷聽孩子的電話。這樣的監視行為讓孩子煩不勝煩。在孩子看來，這是對他們的不信任、不尊重，因此，對父母的印象也大打折扣。嚴重的話，還可能爆發親子間的衝突，對孩子成長以及親子間的溝通、交流是不利的，因此，給孩子獨立的空間，最重要的是維護孩子的隱私權。

不在別人面前批評孩子

家長當眾教育孩子是一種很常見的現象，有俗說：「人前教子，背後教妻」，很多人覺得當眾教育孩子，會刺激他們的自尊心，在大眾的關注下，孩子會更加注意建立自己「聽話、懂事、乖巧」的形象，所以很多家長認為，人越多的時候，越是教育孩子的良好時機。其實未必，自尊心的強烈維護和徹底放棄只有一步之差，如果家長掌握不好，也許反而會促使孩子產生與家長對立的心理，對孩子的身心健康成長很不利。

有位母親在日記裡記述了這樣一件事：

第六章　沒有祕密的孩子長不大

　　公車進站後，一位年輕媽媽帶著五六歲大的女孩走上公車，隨著公車開動，女孩站立在車上顯得十分吃力。這時，旁邊座位上一位八九歲大的男孩站了起來，主動招呼站立的女孩和自己一起坐。「這孩子真懂事，家長平時肯定十分注意對他的教育。」男孩的做法讓我十分讚許，我想男孩平時的家教肯定很好。不想幾分鐘後，男孩的父親走了過來，當得知男孩主動讓座位，便大聲訓斥起來：「真是的，既然不願意坐，那就站著……」男子把男孩從座位上喊了起來，面對父親的訓斥，男孩解釋說因為女孩比他年齡更小，所以他才提議一起坐。

　　這位父親可能是為了愛護孩子，擔心兩個人擠在一起不舒服，所以才對男孩進行指責，但家人們對於孩子的愛護也應注意方式和方法，在大庭廣眾下進行訓斥會損害孩子做善事的積極性。

　　英國哲學家洛克說過：「家長不宣揚子女的過錯，則子女對自己的名譽就越看重。他們覺得自己是有名譽的人，因而更會小心地維護別人對自己的評價。若是當眾宣布他們的過失，使其無地自容，他們越是覺得自己的名譽已經受到了打擊，設法維護別人評價的心理也就愈淡薄。」可見，當著別人的面批評教育子女的方法不可取。如果孩子一有過失，家長就公開宣揚出去，使孩子當眾出醜，其結果只會加深孩子的被訓斥的印象，感到自己在眾人面前丟了面子，因而產生自卑，產生叛逆心理。

　　在玩具店、甜品店、遊樂場裡經常會看見嚎啕大哭的孩子，還有一旁插腰怒目的家長，他們一邊呵斥，還一邊指著周圍對孩子凶道：「你看看，這麼多人看著你哭，你好意思嗎？」「你看那邊有一個和你一樣大的小孩，人家都不哭不鬧，多聽媽媽的話。」家長們往往覺得當著外人的面會是一個教育的好時機，借助小孩子的自尊心讓他自我糾正錯誤舉止，出發點倒是很理想，但是成果一定甚微。

西方人很少當眾批評孩子，但他們也很難忍受孩子當眾哭鬧等帶來的尷尬，為避免這種難堪，他們在平時就培養孩子在公共場所的自我控制能力。其中，事先預防是關鍵，外出前先告訴孩子，這趟外出的目的是什麼，讓他們知道會發生什麼事。出門前，也要先跟孩子說好規則，確定他們都明白，並問他們是否能遵守。到了外面，這些規則也許不一定奏效，但大人會耐心地提醒與糾正，直到小孩遵守。

那麼，面對孩子的缺點，家長應該如何在保護好孩子隱私的前提下進行教導呢？

- **以平常心看待孩子的缺點**：每個人身上都有缺點，孩子自然也有。如果你過分在意孩子的缺點，那麼孩子一點點的毛病就會被你視為大問題，這樣你看到孩子的缺點就容易忍不住指責；如果你用平常心看待孩子的缺點，那麼對孩子的缺點就不會那麼在意。這樣你會抱著理解的心態去幫孩子改正缺點，而不是無緣無故在眾人面前批評孩子。

- **私下指出孩子的缺點**：發現孩子的毛病或缺點，家長不指出來是不負責任的，但是要注意場合。如果有其他人在場，即使孩子的缺點再明顯，也不可大張旗鼓指出來。你可以給孩子一個善意的暗示，然後回家和孩子好好說。這樣做給孩子的感覺就是：家長照顧了我的感受。那麼孩子就容易虛心改正錯誤。

- **指出孩子缺點時要語氣平和**：有些家長發現孩子的缺點後，就容易生氣，然後批評、責罵孩子，希望孩子改正缺點，但是結果卻使孩子自尊心嚴重受到傷害，孩子會因為自己的缺點感到羞恥和自卑。例如，有個孩子天生高度近視，東西要放到鼻子前才能看得清。爸爸見了又氣又急，經常罵道：「什麼東西都要拿到鼻子底下去聞，瞎子！」孩子視力不好，他本來已經很痛苦了，結果爸爸還經常當著別人的面喊

他瞎子，令他心中更加痛苦和自卑，因此常一個人躲在外面痛哭。這樣當然對孩子的身心發展有著很大的壞處。所以說，家長指出孩子的缺點時，語氣很重要。

其實，孩子比成人更愛面子。他們對於讚揚是極其敏感的，他們在比我們想像的更早的幼年時期就具有這一敏感度。他們覺得，自己能被別人看得起，尤其是被家長看得起並當眾誇獎，是一種莫大的快樂。所以，當跟別人提起自己的孩子時，家長要懷著讚賞和尊重的心態去談論他們。

和孩子分享喜怒哀樂

日本作家森村誠一說過：「幸福越是與人分享，它的價值便越會增加。」所以說，「分」的人是幸福的，因為他實現了自己存在的價值；「享」的人是快樂的，因為他感受到了真愛和友誼。

分享是快樂的大門，學會分享，你就進入了快樂的城堡。

獨享是痛苦的大門，只去獨享，你就走進了痛苦的泥沼。

分享的回報在很多時候都是生活驚喜，分享的習慣除了擁有朋友，擁有關懷，還擁有不一樣的體驗和經歷。分享經歷帶給我們一份純粹的快樂和一種回歸的質樸與真誠，與這個浮躁的社會相比，分享的過程讓人彼此心裡充滿陽光。

我們每個人都有這樣的體會，當自己有何喜怒哀樂時，總想和人一起分享。我們成年人，有和人分享的心理需求，同樣，孩子也需要與他人分享生活中的喜怒哀樂。因此，家長要注意和孩子一起分享喜怒哀樂。

其實，家庭教育的過程，就是家長與孩子互相融合的過程，與孩子一起分享喜怒哀樂，代表著家長更多的是展示，而不是灌輸；是引領，而不是強制；是平等的給予，而不是居高臨下的施捨。如果因為忙而忽略了與

孩子分享情感的需求，也就等於剝奪了孩子健康成長的養分，阻礙了孩子全面發展的過程，還會給孩子造成性格和心理的缺陷，這樣的家長不管有什麼樣的理由，都是不稱職的。

有位家長是長途運輸司機，經常出差在外，他對所有人都十分豪爽，唯獨對自己的孩子深感內疚，他感嘆，儘管給予了孩子豐足的物質生活與優越的家庭環境，卻很少有機會與孩子分享喜怒哀樂。

比起這位家長，很多家長要幸運得多，他們有足夠的時間在家裡陪伴孩子，可是，他們卻不懂得體驗孩子的心理感受。孩子背著沉重的書包回家，迎接他們的常常是說教，然後在嚴厲督促下埋頭寫作業。孩子的情感得不到理解、支持和紓發，會感到壓抑，容易造成自信力下降，變得沉默內向，甚至會產生叛逆心理。孩子作為一個獨立的人，有著自己的喜怒哀樂，身為家長，應該允許孩子自由表現他們的喜怒哀樂，還應該與他們一起分享各自的喜怒哀樂。

無論工作壓力有多大，美國前總統巴拉克·歐巴馬（Barack Obama）都會盡量與妻女共進晚餐，分享一天的喜怒哀樂，有時還玩一種名叫「玫瑰和刺」的遊戲。身為「總統老爸」和「第一夫人媽媽」，歐巴馬夫婦秉持幾點原則，努力為 11 歲的和 8 歲的女兒營造一個嚴格而自由的環境，希望她們能像普通孩子一樣健康、快樂成長。

家庭應是充滿理解信任、能夠讓孩子身心輕鬆的場所。家長是孩子的第一位教師，這樣孩子才會覺得家長是可信賴的朋友，樂於和家長交流，從而有利孩子開朗、坦誠、堅韌等良好心理素養的形成。身為家長，應向歐巴馬學習，懂得在孩子的生活中設置快樂元素，因為與人分享快樂就是給予別人的一種愛，反之，如果快樂沒有人分享就是一種懲罰。分享快樂還包含欣賞別人的含義，欣賞別人其實就是真誠分享對方的突出之處。有

人說，我們不見得都喜歡我們所賞識的人，但一定喜歡賞識我們的人。家長與孩子分享快樂，孩子就一定會更親近家長。

家長和孩子分享喜怒哀樂，對孩子來說，孩子會感覺到家長對自己的愛，也會感受到家長對自己的尊重。這樣，孩子不但滿足了與人分享的心理需求，而且知道了自己在家長心目中的重要位置，就會更懂得珍惜家長對自己的愛，同時會對家長的教育和引導產生積極情緒。家長和孩子分享喜怒哀樂，對家長而言，因為和孩子分享了一切，對孩子有了更多的了解、更全面的認識，因此更可以因材施教，也就不會輕易對孩子進行批評與指責，或妄下定論。因此，家長和孩子一起分享喜怒哀樂，無論是對於孩子還是家長，都是非常有益和重要的。孩子在分享後對家長更加敬重，家長在分享後學會了對孩子理解和寬容。有了分享，孩子的缺點與問題家長可以及時發現，並根據情況進行引導、解決；有了分享，孩子對家長牴觸的情緒減少了，叛逆心理沒有了，更容易接受家長的教育。

在孩子眼中，這個世界是如此新穎、神奇，而對於大人來說，這個世界也許更多的是名利和重複。和孩子們在一起，家長還應做好「預習」，那就是要不斷擦亮自己日漸混濁的眼睛、維修自己日益倦怠的靈魂。

分享使孩子不再孤單，分享給孩子帶來愛的曙光，分享給孩子前行的希望，分享能使孩子身心健康成長。因此，家長要學會和孩子分享喜怒哀樂。

▍放手讓孩子與異性交往

孩子進入青春期後，性別意識開始增強。這一時期，他們在關注自身的同時，開始關注起異性，希望了解異性，並希望得到異性的友誼。這是一種很正常的心理現象，也是孩子成熟的一種表現。可是，有些家長對此卻非常敏感、非常擔心，唯恐自己的孩子在與異性交往中不慎「走

歪」——過早戀愛。因此,他們總是不斷提醒、干涉孩子,將孩子的感情生活過度曝光。

其實,西方人認為,應該從小就鼓勵孩子們和異性交往,孩子有了異性朋友是一件值得開心的事情,孩子們之間的感情是純真的、令人羨慕的、是要保護的。透過交往,可以讓孩子們學習如何與異性相處,了解異性的心理,為將來的人際關係,以及真正愛情的來臨做準備。

事實正如此,青春期是個體從性特徵沒有作用發展到性特徵成熟階段,其發展變化迅速而短暫。隨著生理在荷爾蒙作用下的急劇變化,孩子產生了性心理適應,即與性生理、性欲、性行為有關的心理問題,當然也包括與異性交往的心理。這個時期生理機能成長速度遠遠超過心理發展。隨著第二性徵、性器官和性特徵迅速發育,少男少女們開始意識到兩性在生理、行為和社會角色方面的差異,產生了一些特殊的情感體驗,於是進入心理學上的異性期,開始對異性感興趣,並產生思慕情結。在這個特殊的年齡階段裡,男女孩子之間互相產生好感和愛慕,出現嚮往、接近、眷戀異性交往的渴求,如喜歡一起學習,結伴參加各種活動等。有的女孩子在日記中傾訴自己對身邊某個男孩的愛慕之情,有的孩子追星等,都是這種心理的表現形式。孩子熱衷異性交往是成長中的正常心理現象。這種感覺幾乎每個人都會經歷,但絕不是太早戀愛。

異性孩子在一起活動、交朋友,有很多好處:可以使孩子消除性別的神祕感,培養自由交往、自由發展的天性;有利於孩子社會交往能力的增強;有利於孩子各自心理的健康發展。

反之,如果家長禁止異性孩子一起活動,會使孩子對異性產生神祕感,不利心理的健康發展。同時,孩子也會因此失去與異性交往、學習的機會,使其以後可能因缺乏與異性交往的經驗,而導致對無法良好的適應社會。

第六章　沒有祕密的孩子長不大

上課鈴聲剛響過，老師走進四年三班教室。

「老師，小菊給我寫紙條！」一個男孩大聲說，周圍的一些同學在竊竊私語，還有的同學在偷笑。

老師不以為然問：「寫了什麼？」

「我愛你」，話剛說完，班級就像炸開了鍋，同學們又是哈哈大笑，又是冷嘲熱諷。就在這時，小菊正巧進來了，同學開始指指點點說著，小菊好像也覺察到了什麼，不好意思地低下了頭。

老師忽然意識到事情的嚴重，她甚至有些生氣，小小的年齡，怎麼能說出如此不負責任的話呢？

於是，老師追問女孩：「妳這是幹什麼？從哪裡學來的？」

小菊本來就感到意外，現在一聽老師的問話，不禁更緊張，「我，我……不知道。」

「妳懂嗎？妳這是在過早談戀愛。」老師的音調又提高了一倍。

小菊一時不知如何是好，呆呆站在那裡，「哇」的一聲哭了。

從此，同學們發現，原本開朗活潑的小菊完全像變了個人似的，沉默寡言、不喜歡參加班級活動，總是獨來獨往。

顯然，老師的做法是錯誤的，對於一個四年級的孩子來說，僅僅憑一句「我愛你」就斷定小菊的行為是過早戀愛行為，這實在是謬論。也許，小菊只是對那個男孩產生了交往的欲望罷了，並不能真正體會到「我愛你」三個字的含義，在她看來，那只不過是一種交友的表達方式。本來，孩子之間的愛慕和相互吸引是人之常情，但由於此段時期是求學黃金時期，某些老師、家長擔心孩子幼稚、衝動，影響學業，常持反對態度，戴「有色眼鏡」憑主觀臆測，給孩子施加壓力，用「早熟」、「過早戀愛」來界定孩子們的這種情感需求，禁止孩子與異性交往。這樣做，不僅

傷了孩子的自尊心，還易造成心理偏差，影響孩子將來的人際交往和社會適應能力，有時還會讓孩子錯誤認為，兩性交往是低級的、醜陋的，以至相處緊張、恐懼而形成社交障礙。另外，來自不同方面的「批評」、「幫助」，還可能會使那些有叛逆心理的孩子真的談起戀愛，以示抗議。

那麼，家長應該如何正確引導孩子與異性交往呢？

- **持正確的態度**：孩子在區分男女時，往往是根據衣服、髮型或聲音，如果改變了人的外表特徵，許多孩子就認為性別也隨之改變了。所以，男女孩子在一起玩時，家長不要擔心孩子會因此而早熟，要用正確的眼光來看待他們之間天真純潔的友誼。

- **順應孩子的心理規律**：孩子熱衷於異性交往是成長中正常的心理現象，家長對於孩子與異性的交往應採取客觀、積極的態度，這樣才有利於孩子形成正確的異性交往觀。家長坦然、積極的態度能消除孩子過強的好奇心和叛逆心理，學會與異性融洽相處。因此，家長要根據孩子自身發展的規律，引導孩子從小習慣與異性小朋友友好相處，上學期間不光結交同性夥伴，也與異性同學健康的交流。這樣做，可以使孩子消除性別的神祕感，培養自由交往、自由發展的天性，有利於他們社交能力的增強，也有利於各自心理的健康發展。

- **交往情感要適度**：隨時提醒孩子，與異性交往要掌握一個「度」，也就是要有分寸。男女同學之間的交往，是以情感上的相互吸引為基礎的，但要保持適度，不要投入太多的感情，不癡迷對方，只把對方當做朋友。不要故意疏遠，也不能過分親密，要保持適當的心理和空間距離，既要熱情、親切、隨和、融洽，不拒人於千里之外，又要掌握好分寸。要盡量避免身體部位的接觸，做到誠懇待人和熱情大方，既不過分誇張，也不閃爍其詞；既不盲目衝動，也不矯揉造作，要恰當地表現自

己。在彼此尊重的基礎上與異性落落大方、合理、適度的交往。

- **對孩子的感情持寬容、理解態度**：如果發現孩子在與異性交往中萌發了「過早戀愛」的情況，也不可訓斥打罵，要冷靜對待已經發生的感情。家長應理解和尊重孩子的情感，並告訴他們：青春期是學習的最佳時期，過早陷入感情的泥沼，錯過學習黃金時機，可能會給今後的成長和發展留下很大遺憾。同時，應及時了解孩子的心理和情緒變化，增進與孩子之間的感情交流，增強家庭生活對孩子的吸引力，避免孩子過多從外界尋求關懷與理解。

總之，家長在面對孩子與異性交往的問題上，要掌握分寸，留給孩子更多自由選擇的空間，要讓孩子自己做決定。

教孩子正確了解「性」

兒童性教育是個敏感而又不可迴避的話題，它關乎孩子的身心健康發展。然而，很多家長碰到性教育問題時總是有些欲言又止、不得要領。在傳統教育中，家長總是視「性」如洪水猛獸，不許孩子提起更不許孩子接近。這樣的做法往往會給孩子形成了一種錯誤觀念：與異性朋友之間的親密行為是不提倡的、羞恥的，性行為是要受到抑制、懲罰的。同時，家長越是限制孩子，孩子就越是好奇，反而有可能會犯下不該犯的錯誤。

「懂得生理健康知識很重要。」孩子到了一定年齡就會注意這方面的問題，特別是到了青春期，隨著生殖器官的發育，形態上、生理上會出現一些原來沒有的現象，心理上也會出現一些正常的變化，會要求得到有關知識。這個問題是不該迴避的，試圖迴避，不但會使之神祕化，有時還有不良的後果。

瑞典等歐洲國家的性教育開始得比較早，過去中國對此通常有著一些

誤解，會以為這是性行為的開放。其實，在這些國家，更多的是性知識的開放，人們的行為會更加文明和健康。

其實，只要家長引導得當，對孩子的性教育應越早越好。家長可以開誠布公與孩子討論性及性器官的基本常識，讓孩子知道大人對此所持的態度。告訴孩子性器官與身體的其他器官一樣，都是正常人不可缺少的重要器官。它們擔負著重要的生理功能，我們有責任好好對待它們，保護它們。總之，透過大人的語氣、眼神和表情，要讓孩子察覺到成人對生命的尊重與愛護。

有一位叫胡萍的母親，她在一本育兒書裡講述了她教給兒子性知識的經過，很值得家長們學習：

記得我的兒子兩歲多的時候，我和家人正在看電視播放的一部美國電影，畫面出現了男女主角接吻的鏡頭，這個鏡頭延續了較長的時間。兒子在旁邊玩耍，突然他指著這個畫面問我：「媽媽，他們在幹什麼？」我一下愣住了，第一次做母親，沒有這樣的準備，張著嘴卻回答不出兒子的問題。這時，坐在我旁邊的父親回答道：「讓你親個夠！」兒子似乎聽懂了，繼續埋頭做自己的事情，因為他那個時候最喜歡聽〈妹妹坐船頭〉這首歌，歌詞裡那一句「讓你親個夠」已被兒子記熟了。

父親坦然的態度和機智的回答讓我開始思考，當電視中有愛情和性的描寫時，應該對孩子採取什麼樣的態度。我認為要讓孩子從小懂得人類有愛，也有愛的表達方式，男人與女人相愛是天經地義的事情。所以，我一直對兒子採取開放政策，兒子從小就喜歡和我一起欣賞一些中外電影，在兒子 6 歲前，我們一起看電影的時候，每當有一些描寫男女激情的畫面時，我會很自然和他一起看，不會調換頻道。7 歲後遇到這樣的畫面出現時，我會主動和他進行交流，告訴他：當成年的男人和女人之間產生了愛

情，他們就需要透過身體的接觸來表達這種情感，比如他們會接吻、擁抱、身體親密接觸等，這樣他們就會感到很幸福。我想給孩子傳遞這樣的觀念：人類有愛情，相愛的男女之間有肌膚之親，這種情感的交流能夠給相愛的人帶來幸福的感覺，這也是人類最美好的情感之一。

對於描寫愛情的電影畫面，我認為孩子願意看就看，不願意看他也可以不看，這一切由孩子自己的內心來做決定，做真實的自己，而不是由家長來替代或操縱。我不願意兒子在和我一起欣賞奧斯卡獲獎電影時，為了迎合我，突然裝模作樣用手蒙住眼睛，大叫一聲「兒童不宜」，眼睛卻從指縫間偷偷往外看，那就不是真實的他了。

是啊，每一位做家長的必須認真對待孩子的性教育問題，家長是孩子的第一位老師，在孩子性教育問題上更是責無旁貸。孩子從小跟隨家長長大，彼此身體肌膚接觸的頻率也最多，在這過程中，家長應逐步讓孩子了解男女的身體生理結構，以慢慢消除孩子對異性的神祕感，對於孩子提出的性問題，家長應以適當方式解答疑惑。反之，如果面對孩子提出的性問題，家長予以責怪或辱罵，那只會導致孩子產生叛逆心理，進一步強化孩子的好奇心，結果好壞與否就難以預料了。

家長在以自然方式跟孩子談「性」及「生兒育女」的情形時，同時要注意自己的言行和隱私，讓孩子養成良好習慣，並時常教導孩子如何看待自己的性別、如何保護自己，這當中包括：不在大庭廣眾下做出脫衣褲等不雅行為；保護自己，不讓陌生人隨便觸摸自己的身體；「手淫」的利弊等等。

總之，家長是孩子性教育的啟蒙者，也是孩子最重要的性教育老師。家長要以自然、正常的態度，教導孩子正確的性觀念，使孩子的人生有個健康、美好的開始。

信任是最好的溝通橋梁

有人說，信任是人與人之間的一種道德關係。朋友之間、同事之間貴在信任。在家庭裡，家長與孩子之間，也同樣需要信任。

心理學家認為，追求信任是一種積極的心態，是每個正常人的普遍心理，也是一個人奮發進取、積極向上、實現自我價值的原動力。信任的心理機制對孩子良好心理的形成具有積極鼓勵作用。

家庭教育是在家長和孩子的共同生活中，透過雙方的語言交流和情感交流來進行的。家長與孩子的相互信任，是成功家教的重要因素。一些教育專家在家庭調查中發現，孩子對家長有特殊的信任，他們往往把家長看成是自己學習上的老師，德行上的榜樣，生活上的參謀，感情上的摯友。他們也特別希望能得到家長的信任，像朋友一樣和家長平等的交流。他們認為，只有家長的信任，才是真實、可靠的。家長的信任意味著壓力、重視和鼓勵，這是真正觸動他們心靈的動力。從教育效果看，信任是一種富有鼓舞作用的教育方式。

在家庭教育中，家長的信任可使孩子感到他們與家長處於平等的地位，從而對家長更加尊重、敬愛，更加親近、服從，心裡話樂於向家長傾吐。這既增進了家長對孩子內心世界的了解，又使家長教育獲得更好的效果。

其實，對一個孩子的信任，就像相信一粒種子一樣，只要給它水分，一定會長成一棵大樹，一定會開出花朵，結出果子。我們只要相信孩子是一顆種子，相信孩子一定會按照自然機制去發展，就不會把自己的焦慮傳達給孩子，就會讓孩子去發展自己。如果我們不相信孩子會長成一個成人，我們就會用我們能想到的所有的方法去扭曲孩子，最終破壞他們的自然發展機制，使他們受到身心的傷害，為他們的一生帶來痛苦。

第六章　沒有祕密的孩子長不大

是呀，若家長對孩子持不信任或不夠信任的態度，就無法了解孩子的願望和要求，孩子的自尊心和自信心必然會因此而受到傷害，他們對家長的信賴也勢必減弱。這樣，家庭教育的效果也會相應減弱。

所以，家長應該信任孩子，做他們的朋友，從此更好教育孩子。

以下是專家給家長們出的十個有關信任方面的問題：

- 你沒有讓孩子獨自一人在家裡待過一天以上的時間？
- 孩子是否經常抱怨你很囉嗦？
- 你偷看過孩子的日記嗎？
- 你是否經常叮囑孩子多穿衣服，小心著涼？
- 你是否總是擔心孩子沒吃飽或營養不足？
- 你是否經常要督促孩子做功課？
- 你若不催孩子起床，孩子上學會遲到嗎？
- 你是否會讓孩子獨自一人上街購物？
- 你是否每天要催促孩子早點睡覺？
- 你會經常找老師了解孩子的情況嗎？

身為家長，如果你回答「否」越多，證明你越信任孩子，這是非常好的結果，但是，如果你的答案「是」比較多，那就該自省了，這暗示著你與孩子之間缺乏信任，需要修補。

在教育史上，有一個著名的實驗後來被稱為「暗含期待效應」。其原理就是信任，這種效應被廣泛運用於現代教育中，教育工作者從對孩子的信任出發，培養孩子們的積極性，讓孩子在別人的信任中不斷進步。

家長對孩子的信任、做孩子的朋友，能夠激發孩子內心的動力，讓孩子體會到被尊重和認可的快樂。他們會在家長充滿信任和友誼的目光與言語中，自己從摔倒的地方爬起來，一步一腳印走向成功，實現他們的理想。

　　當然了，家長不能只是在嘴上對孩子表現出信任，還要表現在行動上，尤其是那些學業成績不理想同學的家長要特別注意這個問題。因為任何孩子都希望自己是最棒的，有些孩子成績上不去，屢遭挫折，心裡很壓抑，心情十分煩躁，他們多麼希望家長說幾句鼓勵的話，以減輕心裡的負擔。如果家長不理解孩子此時的心情，偏要在孩子身邊一遍遍嘮叨，即使家長的用意是好的，但招來的卻是孩子對家長反感，而且傷害了孩子的自尊心，導致孩子自卑、缺乏進取的勇氣，甚至厭學。相反，如果家長對孩子有足夠的信任，即便孩子遇到了困難，他們也能夠充滿自信，積極進行自我調整，把困難轉化為促進自己努力進取的動力。這不僅有利於激發孩子的學習興趣，保持良好的學習情緒和心理環境，從而提高孩子的學習效率和學習成績，同時也鍛鍊了孩子的自主性、創造性，以及對自己和他人負責的能力。

　　那麼，家長怎樣才能做到信任孩子，做孩子的好朋友呢？

- **培養孩子的自信心**：有位哲學家說：「自信心是每個人事業成功的基礎，一個人若沒有自信心，就不可能大有作為。有了自信心，就能把阻力化為動力，戰勝各種困難，爭取勝利。」因此，家長要注重培養孩子的自信心，要引導孩子尊重別人但不盲目信任別人，要用客觀態度對待別人的成功與失敗。正確看待自己的進步，要有成功的自信心。

- **正確對待孩子的缺點**：當孩子有了錯誤時，不要用偏激的言辭去斥責，要循循善誘，曉之以理，和孩子一起分析事件的來龍去脈，指出孩子犯錯的原因以及造成的危害，然後，引導孩子改正錯誤。沒有一生中不犯錯的人，特別是人生觀和道德觀正在形成中的孩子，有缺點、錯誤的可能性更大。做家長的要充分理解他們，信任他們，引導他們正確對待錯誤。

- **要為孩子提供施展才能的機會**：在日常生活中，對孩子的一切，切忌替他完成或冷淡蔑視。凡是孩子能做的事，只要是有益的，家長應支持他們去做。孩子缺乏經驗和技術，有時失敗了，或者有什麼失誤，這是正常現象。當孩子遇到挫折和失敗時，家長應多進行安慰和鼓勵，幫助他們找出原因，使他們的自信心得到充分的保護。

- **對孩子寬嚴相濟**：要做孩子的朋友，既對孩子嚴格要求，善於從日常生活中發現問題，隨時給孩子引導和指引；又把孩子作為平等的夥伴，與孩子一起學習一起玩，尊重孩子的一切；還要給孩子實質的幫助，讓孩子心裡踏實，健康長大。

總之，家長應該和孩子們建立起相互信任、相互平等、相互尊重的朋友關係。因為孩子們不僅需要在生活上能撫養自己的家長，也需要年齡大、閱歷廣，願意傾聽，能夠給予自己忠告和幫助的「忘年之交」。

如果家長還沒有和孩子建立起平等尊重的朋友關係，雙方不妨現在就坐到一起，開誠布公、推心置腹進行溝通和交流，把彼此的想法告訴對方，這樣才會消除隔閡，化解代溝。其實家長慢慢地就能體會到，和孩子做朋友是一件非常有趣，也是非常快樂的事情。

第七章　讓孩子自己承受挫折

苦難是生活給予孩子最好的禮物，因為苦難能夠磨練人的意志。對孩子進行磨練教育，讓孩子嘗試生活的艱辛，有利於孩子堅強意志、健康心智的培養，能提高心理抗壓能力和堅忍不拔的生存能力。眾所周知，一旦雛鷹能夠起飛，老鷹便會立即將他們逐出巢外，讓牠們在空中做飛翔練習。正是有了這種鍛鍊，雛鷹才能展翅飛翔，才能做追逐獵物的高手。

同樣，沒有風平浪靜的大海，也沒有不受損的船隻。法國作家羅曼‧羅蘭（Romain Rolland）說過：「累累創傷，就是生命給你最好的東西，因為每個創傷上面都表示前進的一步。」孩子一旦認識了挫折，就不會因為一個受傷的手指而放棄整隻手，不會因為一時受傷而失去一生的奮鬥。告訴孩子，每一次創傷都是前進一步的象徵，都是成功路上的一個印記，創傷越多，終點成功的鐘聲就越響。

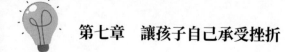

第七章　讓孩子自己承受挫折

孩子需要挫折教育

　　沒有誰樂意接受苦難、接受挫折，但人生經歷挫折的機率是百分之百的，苦難、挫折常伴我們的左右。

　　有著悠久造船歷史的西班牙港口城市巴賽隆納，有一家著名的造船廠，它已經有一千多年的歷史。這家造船廠從建廠的那天起就立了一個規矩，所有從造船廠出去的船舶都要造一個小模型留在廠裡，這艘船出廠後的命運也將由專人刻在模型上。廠裡有房間專門用來陳列船舶模型。因為歷史悠久，所以船舶的數量不斷增加，陳列室也逐步擴大。從最初一間小房子變成了現在造船廠裡最宏偉的建築，裡面陳列著將近 10 萬隻船舶模型。

　　所有走進這個陳列室的人都會被那些船舶上面雕刻的文字所震撼。

　　有一艘名字叫「西班牙公主」的船舶模型上雕刻的文字是這樣的：本船共計航海 50 年，其中 11 次遭遇冰川，有 6 次遭海盜搶掠，有 9 次與船舶相撞，有 21 次發生故障拋錨擱淺。

　　每一個模型上都有這樣的文字，詳細記錄著該船經歷的風風雨雨。在陳列館最裡面的一面牆上，是對上千年來造船廠所有出廠船舶的概述：

　　造船廠出廠的近 10 萬艘船舶當中，有 6 千艘在大海中沉沒，有 9 千艘因為損傷嚴重不能再進行修復航行，有 6 萬艘船舶遭遇過 20 次以上大災難，沒有一艘船舶沒有損傷的經歷……

　　是呀，大海裡從來就沒有不受損的船，有競爭就會有輸贏，誰都不可能永遠是贏家，誰也不可能一直輸，但是，如果我們因為過度看重輸贏而選擇逃避競爭、躲避風雨，就會被競爭甩掉，被風雨淹沒。人的一生，就好比船舶，總是免不了風吹雨打，總是免不了受挫受傷……誠然，對孩子

來說，人生的教訓是父母給不了的，只能靠孩子自己在實踐中體會。身為家長，給孩子實踐的機會、給他們失敗的機會、給他們得到教訓的機會，遠比給他們安逸的環境好得多。

現在的孩子成長環境比較舒適、順利，在這樣的條件下成長的孩子，可能會缺乏某些對他們終生發展都極為重要的心理素養，他們心理脆弱、受到一點挫折就悲觀失望。

一份資料顯示，近年來青少年自殺現象一直呈上升趨勢，青少年心理特質是衝動、閱歷比較欠缺、抗壓力較差、遇到事情盲目選擇、容易走極端。

最近，還有一些調查表明：兒童、青少年的自殺率呈上升趨勢。在回答「遇到困難怎麼辦」時，97％的中小學生想到的是找家長或教師，而不是自己想辦法解決等等。

這些真實的事例和資料都表現出，現在不少孩子身上存在害怕困難、承受挫折能力差等問題。近年來，這一問題已經引起了全社會的廣泛關注，對兒童進行挫折教育的呼聲也日益強烈。心理學家、教育家、家長、教師等紛紛呼籲「現在的孩子需要挫折教育」。

如果說人生是一首優美的樂曲，那麼，痛苦則是其中一個不可缺少的音符；如果說人生是一望無際的大海，那麼，挫折則是一個驟然翻起的浪花；如果說人生是湛藍的天空，那麼，失意則是一朵漂浮的白雲。沒有痛苦磨礪的孩子，沒有挫折錘鍊的孩子，沒有失意打磨的孩子，是演奏不出天籟之音、體驗不到大海的博大、翱翔不了天空的蔚藍的。

挫折教育，刻不容緩！

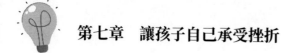

▎挫折是一門必修課

有兩個農夫在各自的田地裡許願。

一個農夫說要他的地裡不要大風雨、不要下雪、不要地震、不要乾旱、不要冰雹、不要蟲害。

另一個農夫說，這些都沒事，只要我能看著我的麥子還存在、還活著就可以了。

結果，那一年，天氣都隨了他們的願，那個什麼都不要的農夫，麥穗果然結得很大很多，但是麥穗裡面卻沒有一粒麥子，全部是空的。而另一個農夫看上去只是短短的麥穗裡面卻是豐滿的果實。

第一個農夫始終想不明白，為什麼自己這般「呵護」麥子，反倒沒有讓麥子生出「感激」之情，結出豐碩的果實，而另一個農夫的那些飽受風雨侵襲過的麥子，卻能夠無怨無悔獻上豐碩的果實？這是多不公平！

其實道理很簡單，溫室裡的鮮花生命力永遠比不上山間的野草，沒有經歷過風雨的麥苗就不會為了生存努力尋求發展。只有在惡劣環境中生存的麥苗，才能在挫折與磨難中不斷充實自己，完善自己，從而收穫秋日的豐盈。

同樣，對於孩子來說，必須經歷風吹雨打，孩子的人生才會更精彩。

其實，每個孩子都有一定的抗壓能力，抗壓能力的強弱，取決於家長平時對孩子的挫折教育。有關專家分析抗壓能力差的孩子發現，他們有以下五個方面的缺點：

- **性格軟弱，經不起風雨**：性格軟弱主要是因為孩子缺乏錘鍊所致，最終還是因為家長過分的溺愛所致。
- **缺少挫折經驗**：孩子從小就在保護傘的庇護下，沒有經歷什麼挫折，歷經了也是家長幫助解決了。

- **對挫折情境的敏感度過高**：有的孩子防衛心太強，遇到一點不順心的事，就無限放大，主要原因還是家長缺乏對遭遇挫折孩子的引導。
- **預判水準低**：絕大部分的家長都在盡量給孩子規避挫折，遮風擋雨，孩子對前方路上的苦難會一無所知，過分高估自己，一旦遇到問題後難以接受，這主要是一種心理落差導致。
- **體弱多病**：家長對於體弱多病的孩子往往會加倍關心，孩子缺乏主動性，當家長不在身旁時，體弱多病的孩子就更容易遭受挫折，在別的孩子相比之下，體弱多病的孩子就會變得軟弱，甚至自卑。

總之，孩子抗壓能力的強弱跟家長平時的教導息息相關。巴菲特（Warren Edward Buffett）之所以能榮登《富比士》富豪榜首，是因為從小父親嚴厲的教育方式打造而成：巴菲特 5 歲時就在家門口向路人兜售口香糖；6 歲因為買一本自己喜歡的漫畫錢不夠，向父親要錢，父親拒絕了他，叫他自己去賺；上大學時，他就開始在父親的工廠當作業員，打工償還家長給的學費與生活開銷。可見，鋼之所以硬而韌，是因為經過了火爐的歷練。同樣，要想孩子成鋼，就必須把孩子推入「火爐」不斷鍛鍊。

那麼，家長應如何增強孩子的抗壓能力呢？

- **告訴孩子「挫折」並不可怕**：挫折未必都是壞事，關鍵在於對待挫折的態度，同樣的挫折既可以產生消極的情緒，甚至心理障礙，也可以磨練人的意志，使其奮發向上，孩子對周圍人和事物態度常常是不穩定的，在碰到困難和失敗時，往往會產生消極情緒，不能以正確的態度對待失敗和挫折，這時，家長要及時告訴孩子，「失敗並不可怕」，「你要勇敢」，「你一定會做得更好的」。家長要將孩子的失敗作為教育契機，引導孩子重新鼓起勇氣，大膽自信再次嘗試；同時，還應讓孩子明白人人都可能遇到困難和挫折，而困難和挫折是可以克

服的，教育孩子勇於面對困難和挫折，建立戰勝困難和挫折的勇氣與自信心，提高克服困難和對抗挫折的能力。

- **適當設置一些困難，讓孩子體驗挫折**：生活在窮困家庭的孩子，惡劣生存環境自然為他準備了艱苦鍛鍊的條件；現在生活水準普遍提高了，家長應多想辦法給孩子設置一些困難，讓孩子去解決；孩子在生活中碰到困難，也要求他自己去解決，從而培養孩子應對未來的能力和意志。

- **應為孩子提供獲得成功的機會**：身為家長，要根據孩子的個性特點和能力，提出適當的要求，讓孩子做力所能及的事，使孩子透過成功的自我激勵，體驗成功的喜悅，獲得信心。另外，不管什麼原因，當孩子不能面對挫折時，家長應以樂觀的情緒感染孩子，如「這點小事，怕什麼，讓我們一起克服」。

- **讓孩子了解挫折和成功的關係**：遇到挫折並不代表失敗，沒有挫折也不一定就是成功，教會孩子正確對待成功與失敗。只有真正了解挫折與成功的關係，孩子才會越挫越勇，變得更有抗壓能力！

- **教會孩子對待挫折的方法，和孩子一起分析挫折原因**：家長還可以教給孩子一些對待挫折的方法，如自我鼓勵：「這次雖然沒得到第一名，但比以前有進步了。」心理補償：「我跳舞不行，可是畫畫不錯。」對嬌生慣養的孩子，不妨讓他受點冷落。

- **注意利用榜樣進行耐挫折教育**：社會學習對孩子的成長是非常重要的，對於以模仿為天性的孩子來說，榜樣力量是無窮的。像是因遭受失學挫折而奮發成才的愛迪生（Thomas Edison）；戰勝殘疾而卓有成就的海倫‧凱勒（Helen Keller）等，這些優秀人物的事蹟，都會給孩子帶來鼓舞的力量。

- **教孩子學會處理挫折**：培養孩子不怕困難、堅韌不拔的精神。家長要告訴孩子，自己的事要自己負責；要讓孩子多參加體驗活動，嘗嘗吃苦的滋味；要培養孩子戰勝困難和挫折的意志，不能半途而廢；要培養孩子學會調整心理，若困難實在解決不了，該放棄就放棄；讓孩子明白「失敗是成功之母」的道理。巴爾扎克（Honoré Balzac）說過：「苦難對於人生是一塊墊腳石，對於能幹的人是一筆財富，對於弱者是萬丈深淵。」一個人受不了委屈，經不起挫折，害怕困難，是不可能面對競爭激烈的社會的。家長的責任，就是盡力培養孩子抗挫折的能力、經受挫折的能力和挫折後的恢復能力，使他們在任何困難和挫折面前泰然處之，保持樂觀。
- **給孩子講英雄故事，讓孩子讀勵志書**：孩子有很強的模仿性，他們在適應社會的過程中，如果能經常觀察和模仿身邊的或書上、影片中介紹英雄模範人物的事蹟，其克服困難的勇氣和能力就會得到培養和提高。家長平時要利用榜樣，向孩子進行說服教育，讓孩子從小懂得逆境成才的道理，讓孩子知道每個成功的人，都是在與困難挫折的抗爭較量中，經過頑強拚搏，最終走向成功的。

苦難是一所最好的學校

美國西雅圖有一大群富豪，他們完全可以隨心所欲讓自己以及心愛的孩子過上奢侈的生活。但是，他們卻以一種平民的生活方式，言傳身教，讓他們的孩子從小就領悟到節儉的重要性。

富豪也會安排自己的孩子去參加「飢餓體驗」活動，讓孩子了解這個世界的生存現狀。一些有條件的美國家長，還會帶著孩子一起去非洲等貧窮地區或國家參觀。在日常生活中，美國家長領著孩子一起到社區或孤兒

第七章 讓孩子自己承受挫折

院做義工，這種事情十分普遍。據說，「夏令營」、「軍事訓練營」等一些活動也是最受美國家長和孩子歡迎的項目之一。

5 歲的艾琳與羅里兩兄妹在體驗飢餓以後告訴家中的保姆：我現在才知道在美國，有 100 多萬人無家可歸，在全世界，至少還有 2 億人靠乞討才能活下去 —— 他們平時吃的飯菜，比我們飢餓時吃的還要差！原來，爸爸說非洲貧困地區的孩子一年生活費只有 100 美元的事是真的……

與此形成鮮明對比的是，亞洲父母總是盡力讓孩子遠離苦難、遠離貧窮，但實際上，當孩子真的看不到貧窮，不懂得苦難之時，他原本天真、善良的心靈亦會變得麻木不仁、冷酷、甚至永遠不會成熟。其實，苦難是一所學校，因為苦難能夠磨練人的意志。吃得苦中苦，方為人上人。對孩子進行吃苦教育，讓孩子嘗試生存的艱辛，有利於孩子堅強意志、健康心智、承受能力和堅忍不拔的生存能力的培養。

眾所周知，一旦雛鷹能夠起飛，老鷹便會立即將牠們逐出巢外，讓它們在空中做飛翔的練習。正是有了這種鍛鍊，雛鷹才能夠更好地展翅飛翔，才能做追逐獵物的高手。

困難與挫折能夠磨練人的意志，激發人的潛能，使一個人最大限度地發揮自己的價值和潛能。許多人因為沒有經歷過苦難的鍛鍊，因而無法發揮自身的潛能。

福特公司「野馬跑車」的策劃者 —— 李．艾科卡（Lee Iacocca）就是一個歷經坎坷與挫折的人。可也正是苦難、坎坷的經歷，激發了他無限的潛能 ——

艾科卡 1924 年出生於美國。大學畢業的時候，福特汽車公司正在為賓夕法尼亞州物色一位汽車銷售員。於是，他選擇了銷售員的工作，開始了艱辛的職業生涯。

　　艾科卡努力工作，終於在福特公司獲得了晉升的機會。可是，好日子沒過多久，21950 年代初期，美國經濟的不景氣也影響到福特公司，公司大批裁員，艾科卡又重新做起銷售員的工作。

　　後來，艾科卡憑著自己的努力當上了費城地區的銷售經理助理。與公司共患難度過了幾年後，福特公司決定把主要精力放在汽車的安全設備上，艾科卡是這次改革的主要發起者，但是，這次艾科卡失敗了，他遭受了沉重的打擊。

　　失敗並沒有影響到艾科卡積極創新的精神，他越挫越勇，又開發「野馬」車，創造了汽車銷售史上的奇蹟，艾科卡也被稱為「野馬」之父。

　　正當艾科卡在福特的職業生涯越來越輝煌的時候，他受到亨利‧福特二世（Henry Ford）的排擠，艾科卡被解僱了。不僅如此，由於受亨利的威脅，朋友也不敢和他來往了，這位汽車奇才和他的全家陷入了極大的痛苦之中。

　　艾科卡沒有向命運屈服，決心再次尋找施展才華的機會，他接受了瀕臨破產的克萊斯勒公司的聘請，擔任總裁。經過幾年的拚搏，克萊斯勒公司走出了困境。

　　在艾科卡小時候遇到困難時，父親總是鼓勵他不要放棄，分析受挫的原因，然後想辦法克服困難。每當遭遇挫折時，他就鼓勵艾科卡說：「太陽會出來的，它會照常出來的。」正是父親的積極態度，使艾科卡在遇到挫折的時候，能勇敢面對，想辦法克服，一次次克服困難，一次次起死回生，創造出一個個神話，從而實現了人生的輝煌。

　　艾科卡的經歷告訴我們，困難總是無處不在的，越是困難的生活，越能激發一個人的潛力！對於孩子來說，經歷苦難往往能夠激發他們克服困難、抵制困難的力量。這就好像森林裡的橡樹，經過千百次暴風雨的摧

殘，非但不會折斷，反而越來越挺拔。

身為家長，我們不可能永遠陪在孩子身邊，替孩子解決困難，所以應該培養孩子克服困難的能力，讓孩子自己去解決困難。正如教育家陶行知先生所說：「不要擔心挫折，應該擔心的是，怕挫折而不敢讓孩子做任何事情。」讓孩子在克服困難中前進，孩子就會獲得多方面的發展，孩子也會更加積極去奮鬥、去努力。現實生活中，孩子往往經歷不到什麼挫折，因此，家長可以給孩子設置一定的障礙。

設置障礙可以產生正反兩方面的效應，如果運用得不好，反而會害傷孩子，抑制孩子的積極行為。因此，家長應該慎重選擇這種方法，在使用時要注意以下幾點：

- **障礙要適度**：採用這種方法，必須根據孩子年齡的大小，受挫經驗的多少。年齡越小的孩子，設置的障礙就應越小，障礙發生的頻率也應該越低。受挫折多的孩子，設置障礙要少，甚至可以不設置障礙。
- **與鼓勵相結合**：設置障礙應與鼓勵和稱讚結合起來。當孩子排除了障礙、戰勝了挫折的時候，父母要及時給予稱讚，強化孩子的積極行為。
- **對「一帆風順」的孩子，因為他們經常受到稱讚，所以給他設置一些挫折是非常必要的**：對那些受到挫折比較多的孩子，性格過於內向脆弱的孩子，不宜採用設置障礙的方法。
- **設置障礙應該具有漸進性**：障礙應該逐漸加大，逐漸增多，不應該在開始的時候就給孩子一個下馬威，否則可能把孩子的自信心摧毀。
- **設置障礙的保密問題**：在多數情況下，設置障礙事前不必讓孩子知道，但在有些情況下，比如障礙的難度很大，擔心孩子經受不住刺激等，可以先與孩子一起商量：問題可能難到什麼程度，可能遇到哪些困難等，讓孩子心理有數，這樣就可以增加孩子排除障礙的可能性。

在艱難獲得成功之後，孩子就會更加珍惜自己的積極行為所獲得的良好結果。

- **不要太在意孩子的情緒**：孩子遇到障礙，受到挫折是難免的，有時可能產生一些不良的情緒反應。家長應該有這種準備。對一般的不良反應，家長可以不去理會；但是如果孩子情緒反應過度，家長要進行必要的心理上支持。家長要對設置障礙有清楚認識，這是為了讓孩子更快發展，不能單純為了設置障礙而設置障礙。

讓孩子體會賺錢的艱辛

在國外，人們把「理財教育」視為「道德教育」或「人性教育」，他們認為的理財教育並不是單純的灌輸知識，而是解釋孩子獲得人生所需要的智慧和正確的價值觀。同時，理財教育更是一門生活教育。金錢與我們的生活密不可分，家長既是孩子理財教育唯一的老師，又是最好的老師，因為孩子會在生活中受到家長的「身教」。而理財教育中最突出的一個亮點是，讓孩子自己體驗賺錢的艱辛。

雖說現今生活水準提高了，孩子被家長濃厚的愛包圍著，但家長不應讓孩子與社會脫節，要讓孩子明白生活的艱辛、賺錢的不易。北宋著名的文學家陸游有句話說過，「書到用時方恨少，事非經過不知難。」同樣，孩子不身臨其境，是不可能體會賺錢的滋味。

很多人把現在這一代的孩子形容為「富貴的一代」。與物質貧乏的過去相比，孩子的身高、體重都大大超越以前。他們懂的知識多，並且熟知人情世故。每當有什麼需求，想向家長要求更多零用錢時立刻變得甜言蜜語，或是伶牙俐齒。然而，孩子對金錢的理解僅此而已，他們只懂得花錢，卻從來不知錢是從何而來，也不想知道這些。他們認為，只要家長願

第七章　讓孩子自己承受挫折

意就會把錢給自己。這一代孩子對錢有如此被動的、消極的理解，就是因為大人從來沒有告訴他們錢從何而來，而且在沒有教他們如何賺錢之前，就先讓他們學會了花錢。

有一位剛到美國兩天的中國人，到速食店吃簡單的午餐，剛點完菜無意中往窗外一看，有個人引起了他的注意：一個三四歲的小孩子正認真把地上的垃圾撿到自己的籃子裡，後面有他媽媽和哥哥兩個人。出於好奇，這個人到外面去問個究竟，孩子的回答意外乾脆簡單：「工作。」原來，如果孩子把裝滿垃圾的籃子交給速食店經理，他就能得到一個漢堡。

如果不是自己賺錢，就不能真正體會賺錢有多辛苦。因此，賺錢是從忍耐「一滴汗的艱辛」開始的。讓孩子看到自己家長辛苦賺錢的樣子，是非常好的理財教育方法，對孩子描述自己的工作情形，或是帶孩子參觀家長的工作環境，都能讓他們有深刻體會。在美國，每年 4 月家長會抽出一天時間帶孩子到自己工作的地方，讓孩子親眼目睹家長辛勤勞動的情景，喚起孩子對家長的感激，懂得勞動的價值。

這裡有兩個故事：

故事一：

52 歲的比爾蓋茲（Bill Gates）從微軟退休。在他退休前，一項計畫正在轟轟烈烈實施，那就是捐掉他全部的個人財產 580 億美元。在接受英國 BBC 電視節目「News rught」採訪時，比爾蓋茲表示，這是他和妻子共同的決定，「我們希望以最能夠產生正面影響的方法回饋社會」。所謂「最能夠產生正面影響的方法」，就是不給子女留一分錢。而在更久以前，比爾蓋茲公開過的遺囑還說，除了給自己的 3 個孩子每人留下 1,000 萬美元和價值 1 億美元的家族住宅外，其個人財產的 98% 將捐獻給他和妻子名下的基金會。事實上，比爾蓋茲在慈善方面已經做得夠多了，他此前的捐款

就有數百億美元之巨，即使只捐 98％也無損其個人形象。可是，他還是不給自己的子女留一分錢，他要讓孩子白手起家。

故事二：

已過不惑之年的阿芳出生在一個極其貧困的家庭。10 歲那年與父親一起在乞討過程中被火車碾斷右腳，從此成了殘疾人。為謀生計，1984 年結婚後的她，開始經營滷菜和批發牛肉、牛皮生意。如今，她已是一個肉牛養殖和豬、牛肉食品加工生產廠的老闆，擁有資產上千萬。轉眼看著自己 5 個孩子一天天長大成人，為培養他們獨立、自食其力的精神，阿芳經過和家人商議後，與孩子們簽訂了一份「不繼承協議書」，其內容是：「五個子女，如果誰願意讀書以及深造，家長必須全力支援；如果誰自動放棄讀書，就必須投入社會就業，未滿 16 歲的必須在家工作，家長不給任何經濟上的援助……家長的財產以及遺產只能由家長支配，任何子女無權過問以及干涉。」

不管是聞名全球的富翁比爾蓋茲，還是默默無聞的普通人阿芳，他們都有一個可貴之處，那就是讓孩子學會賺錢，體會生活的艱辛，獨立生存。這是很多家長都難以做到的，這是很不妥當的家教方法。

其實，家長對於孩子賺的錢不在乎有多少，甚至也不在乎虧損，因為虧損是教會孩子市場法則的必要手段。讓孩子透過自己的努力賺錢，徹底了解賺錢的意義和技巧，這比讓他上多少關於賺錢艱辛的理論課都來得重要，這才是教孩子體驗生活的關鍵所在。

「儉，德之共也；侈，惡之大也。」這是先人教育兒孫的至理名言。今天，我們仍應不忘古人此言，用以警醒自身，教誡後人。因為由儉入奢易，由奢入儉難。而讓孩子體驗賺錢的艱辛，就是對孩子最好的挫折教育。

第七章　讓孩子自己承受挫折

▌磨礪孩子的意志力

　　如果把成功比作大廈，那麼頑強的意志、堅忍不拔的毅力就是成功的支柱。意志對孩子來講，比天資聰穎更為重要。因為一切創造、發明和事業成功都不會是一帆風順的，要經歷千辛萬苦，克服重重困難，才能獲得最後的成功。

　　有一位走鋼絲的特技演員。他曾經講過這樣一個故事：

　　有一天，我與別人簽訂了一份合約，要求我在某一天表演走鋼絲時，推一輛手推車。簽訂合約的時間正是我腰痛病發作前的一兩天。當開始腰痛之後，我叫來了醫生，要求他必須在那天前把我的病治好。否則，我就會失去一次賺錢的機會，而且要承受一大筆罰款。事與願違，我的病情並不見好轉。出場前的最後一天晚上，我與醫生進行了激烈的爭論，他強烈反對我第二天去表演走鋼絲。第二天早上，我的病情仍然沒有好轉，醫生嚴禁我下床。我對他說：「我為什麼要遵從你的勸告？你根本就沒能把我治好，我為什麼還要聽從你的意見？」當我來到表演場地的時候，醫生也跟到了那裡，極力阻止我不要去走鋼絲。但我還是執意要表演，儘管直到走鋼絲前的一分鐘我的腰還是很疼。我把平衡杆和手推車準備好，用手抓住手推車的把手，沿著鋼絲推車前進。結果，此次表演與我以往的表演一樣，非常順利。我把手推車推到鋼絲繩的另一端後，又沿著鋼絲繩把手推車推了回來。可是，當表演結束的時候，我的腰又開始劇痛起來。那麼，是什麼東西促使我在腰痛病發作的情況下，完成了推車走鋼絲的表演呢？那就是我積蓄起來的意志力。

　　透過這個故事，我們深切體會到，意志是一個人成功的關鍵。然而，遺憾的是，現在大部分的孩子都缺乏意志力，他們生活在家長的溺愛下，

缺乏自我解決問題的能力、堅持不懈的毅力及抵抗挫折的耐力，這樣的孩子在以後生活中會遇到各種各樣麻煩。明智的家長應該從小就培養孩子堅強的意志力。

心理學家通常認為，意志力既有靜態的方面，又有動態的方面。一方面，它是引導人類行動的力量，而另一方面，它又是人們在這些行動中的行為。因此，當一個人能夠在某一事件或一連串事件中表現出極大的決心與力量時，就會被認為擁有很強的意志力，而他意志力的特性，需要透過他的決心或行動力度和持久來體現出來。這樣，在這一過程中所展現出來的意志力，就變為了動態的意志力，他的決心也成了引導自我心理的行為。

家長應透過以下幾種方法磨礪孩子的意志力：

- **目標導向法**：家長應該指導和幫助孩子制定短暫和長遠的目標，使孩子有努力方向。孩子心中有了目標，他就會為實現目標而去努力，表現出堅毅、頑強和勇氣。但目標一定要恰當，應該使孩子明白這目標不經過努力是達不到的，但稍經努力便能達到。太難或太易達到的目標都不能鍛鍊孩子意志。另外，目標如果是合理的，那就應要求孩子堅決執行，直到實現為止，不可遷就，更不能半途而廢。

- **獨立活動法**：應盡可能讓孩子獨立活動，如讓孩子自己穿衣，自己收拾玩具，自己完成作業等等。孩子在進行這些活動時，要克服外部困難和內部障礙，他正是在克服這些困難過程中，使意志得到鍛鍊。倘若孩子不能完成這些活動，也不必急忙去幫助，可「先等一下」，讓他自己克服困難去解決。當他戰勝了困難，達到了目的，會表現出一種經過努力終於勝利的滿足感。在這個過程中，孩子克服困難的勇氣和信心也就隨之增強。

- **克服障礙法**：堅強的意志是磨練出來的，越是在困難的環境中，越能鍛鍊人的意志力。家長應該給孩子設置點障礙，為他們提供克服困難的機會，使他們在生活的道路上有點小小坡度。倘若把孩子前進道路上的障礙全部清掃乾淨，他現在可能平平安安，日後卻會逐步失去走坎坷道路的能力。

- **自我控制法**：孩子的意志是在成人嚴格要求下養成的，也是他們在日常生活中經常自我控制的結果。家長應經常啟發孩子加強自我控制。自我鼓勵、自我禁止、自我命令以及自我暗示等，都是鍛鍊意志的好方式。比如，當孩子感到很難開始行動時，可讓他自己數「三」，或自己給自己下命令：「不要怕！」「再堅持一下！」等。

- **表揚法**：讚賞、鼓勵可以鼓舞勇氣，提高信心，有利於意志的鍛鍊。對孩子在活動中表現出來的努力，和取得的一點點進步，家長要適時、適度給予肯定和稱讚。當孩子無法完成計畫時，家長要進行具體分析，不可說：「我就知道你做不到」等喪氣話。否則，只會讓孩子一次次增加挫折感，而最終失去自信心。

在此，還要提醒家長注意的是，人的意志與性格特徵有一定的關係。因此家長在培養孩子意志力時，還應該充分考慮孩子的不同心理特質。對性格內向的孩子應加強果斷性和靈活性的鍛鍊，培養他大膽、勇敢、堅毅。對外向型的孩子則應加強培養他們的自制力，同時培養他們的忍耐、沉著、克制。

當然了，心急吃不了熱豆腐，意志力的培養不是一天兩天能夠實現的，這需要一個長期的過程。這就好比長跑，長跑的目的不在於你能夠跑多遠，而在於它是否能夠幫助你養成堅強的意志力，增加強度的目的也在於此。因此，訓練的標準不是我非要跑多遠，而是我要堅持多長時間。即

使你增加的強度很小，但只要你能夠長期堅持下來，就能夠幫助你培養堅忍的意志力。

▎鼓勵孩子正視失敗

在現實生活中，一個人無論做什麼事難免都會遭遇失敗，尤其是幼小的孩子，他們由於受身心發展水準的限制，能力十分有限，經歷和經驗缺乏，更容易遭受失敗和挫折。有時，在成人看來是很微小的一次失敗，但對於孩子來說，可能是一次不小的危機。在遭遇失敗時，孩子可能會不知所措、失望退縮、喪失熱情和信心。因此，家長有必要教孩子學會面對失敗。

8 歲的小花聰明伶俐，和同齡的兒童相比，學習和自理能力都較好，不怎麼讓父母擔心。但最近小花有個不好的徵兆，就是一遇到些許不順心的事，立刻就把不高興「寫」在臉上，甚至大發脾氣。比如不能接受遊戲輸了，每次都要耍賴，玩到贏了為止。

除了故事中的小女孩，我們還會經常聽到父母們的抱怨，「每次和孩子玩遊戲，只要我贏了他，他就會很不開心，鬧著不算，硬要重來……」「我們家的孩子不會交朋友，遊戲、比賽只能他贏，不能輸，現在沒有孩子願意和他玩……」勝敗其實乃兵家常事，可一些孩子偏偏不懂這個理，爭強好勝，贏了就滿心歡喜，輸了就大哭大鬧。

其實，失敗本身並不可怕，關鍵是如何對待它們。如果能夠以積極、正確的態度來看待，它們就會成為孩子前進的動力。反之，則可能讓孩子產生一種消極心態，甚至對他們的心理發展造成不良影響。這種不良影響主要表現在三個方面。

- **不願再嘗試**：每個孩子都渴望體驗成功，失敗常使孩子懷疑自己的能力，對失敗產生恐懼，害怕再次嘗試，不願繼續接觸同樣的活動或玩

具。由此他可能失去更多學習和鍛鍊的機會。在幼稚園裡，我們經常可以看到，孩子因為畫不好或不會畫，一到美術課就悶悶不樂，只對自己認為能勝任的活動或玩具感興趣。

· **出現消極的自我評價**：經常性的失敗經歷，加上他人否定的態度和評價，如批評、漠視、不屑一顧、嘲笑、挖苦等，可能會使孩子輕視自己的能力，形成消極的自我評價，認為自己「笨」、「不行」。這樣的錯誤認知，將影響孩子對自己做出正確的評價。他們可能在自己能夠完成任務、實現目標時，誤認為自己會失敗。即使在成功時，他們也會覺得成功是偶然的，看不到自己努力所起的作用。

· **造成同伴交流困難**：同伴是孩子認識自己的重要參考。從同伴那裡，他們獲得別人對自己的一些看法，認識到自己的能力和價值，進而形成對自己和別人的基本看法。失敗一方面使孩子失去自信，另一方面則可能使孩子懷疑同伴不喜歡他，或害怕同伴輕視他，而對同伴過分敏感。如果同伴確實因他失敗而笑話、輕視和疏遠他，則會造成同伴關係疏遠，或出現人際關係問題。

因此，幫助孩子學會克服困難、正確面對失敗是非常重要的。

· **當孩子為失敗而難過時，家長不應以憐憫的態度對待孩子，或者在孩子面前唉聲嘆氣，甚至劈頭蓋臉責罵孩子**：正確的方法是讓孩子明白，失敗沒什麼大不了的，學習、活動總有勝負、輸贏，人人都會碰到，因此，失敗了不要緊，重要的是從失敗中吸取教訓，繼續努力。

· **家長應該幫助孩子學會處理失敗後的情緒**：許多孩子在經歷失敗以後，很容易就陷入膽怯和自我批評的情緒之中，這個時候，他們可能一直會懊悔：「如果……可能不會失敗」。孩子會因此不斷找理由責

備自己，給自己造成很大的心理壓力。因此，經驗豐富的家長應該幫助孩子處理失敗後的情緒，讓孩子從失敗的消極情緒中走出來。

- **家長應該幫孩子尋找失敗的原因**：幫孩子找到失敗的原因也很重要，如果不知道原因就會是一種壓力。而且，只有找到失敗的原因，孩子才有超越失敗的可能。

- **讓孩子學會欣賞勝利者**：有些家長為了安慰孩子，有時會在不經意間貶低其他孩子或者流露出對結果的不屑、不滿。這些細小的行為都會被孩子觀察到，從而影響他們遭遇挫折後的心態。因此，家長應該在引導孩子承認對方的勝利之後，和孩子一起分析為什麼對方取得了勝利，最重要的，要讓孩子自己說出勝利者獲勝的原因。當孩子長大後，他們會遇到各種競爭，學會在各種競爭中從容面對，並且欣賞對手，是他們人格完善及其個人魅力的具體展現。

- **教會孩子提高自己**：家長在教會孩子如何欣賞對方的同時，應根據孩子狀況分析他們的優點和弱點，讓孩子在競爭中知道如何提高自己。這樣，在孩子的眼裡，家長不純粹只是高高在上的家長，而是可以並肩作戰的、值得信賴的朋友。這樣的做法能增進親子間的感情。

- **跟孩子一起尋找面對失敗的力量**：當孩子失敗以後，他渴望得到安慰與鼓勵，因此，家就成了孩子的避風港灣。這個時候，家長為孩子營造一個溫馨、輕鬆，富有人情味的家庭氛圍很有必要。當然，除了讓孩子在情感上有一種歸屬感、安全感外，家長還應該用自己積極的人生態度去感染孩子，訓練孩子積極樂觀的心態，這樣，孩子才能在失敗中成長起來。

▎培養孩子樂觀的心態

悲觀的孩子以「悲傷」的眼睛看待世界，而樂觀的孩子以「快樂」的眼睛看世界。因此，同樣的世界，在悲觀的孩子看來，是陰暗的；而在樂觀的孩子看來，是光明的。

美國有一對兄弟，一個出奇的樂觀，一個卻非常悲觀。他們的家長希望兄弟倆的性格都能改變一些。

有一天，他們把那個樂觀的孩子鎖進一間堆滿馬糞的房間裡，把悲觀的孩子鎖進一間放滿漂亮玩具的房間裡。以為這樣便能讓孩子的性格有所改變。

一個小時後，他們的家長走進悲觀孩子的房間時，發現這個孩子正坐在一個角落裡，哭得一把鼻涕一把眼淚。原來，他不小心弄壞了玩具，擔心家長會責罵自己。

當家長走進樂觀孩子的屋子時，卻發現孩子正在興奮地用一把小鏟子挖著馬糞，把散亂的馬糞鏟得乾乾淨淨。看到家長來了，樂觀的孩子高興叫道：「爸爸，這裡有這麼多馬糞，快告訴我，你們把馬藏在哪裡了？」

這個樂觀的孩子就是後來的美國總統雷根（Ronald Wilson Reagan）。他從報童到好萊塢明星，再到州長，直至當上了美國總統。在這期間，樂觀的性格發揮著很大的作用。

著名心理學家托爾曼教授（Edward Chace Tolman）和他的學生曾對301位偉大人物進行了研究，發現他們在青少年時代都具有堅強自主、不怕困難、勇往直前、樂觀向上的特徵。可見，樂觀對孩子是如此的重要 —— 樂觀是最為積極的性格因素之一，它不僅是一種心態，更是一種人生智慧。

　　樂觀的孩子更有包容心。他們能以幽默的眼光看待不愉快的事情，能體諒他人的難處。與人相處，他們善於換位思考，所以會發現別人的優點，更能包容別人的缺點，他們不會因為他人曾經傷害了自己就耿耿於懷，跟自己過不去！

　　樂觀的孩子有顆積極向上的心，他們對未來充滿了信心和希望。他們能在困難中看到光明，在逆境中找到出路，儘快走出陰霾；而悲觀的孩子往往看不到前路，總覺得生活很慘澹，人生看不到希望，於是消極怠慢。

　　樂觀的孩子比較容易發揮自己的專長。他們能在生活中不斷激勵自己的熱情，開發自己的潛能；樂觀的孩子，還能吸引和感染周圍的人，使他人也變得開朗、樂觀起來，從而爭取他們的理解、支持與幫助。悲觀的孩子，不僅僅讓自己深陷於情緒的低谷中，憂鬱不安，還給人一種壓抑的感覺，所以沒有人喜歡與悲觀的人共處。

　　樂觀開朗對健康還有益處。樂觀的孩子能保持一種良好心態，他們總認為自己是幸運的，即使遭遇挫折，他還是堅信自己有能力改變現狀，他們會拿出自己最好的狀態對抗挫折，直到把挫折打敗。因此，樂觀是孩子應對人生中悲傷、不幸、失敗、痛苦等不良情況的有力武器。這樣的孩子，在心態與身體上都更健康。而悲觀的孩子，容易滋生出消極的情緒和挫敗感，這兩種感情有害健康。

　　樂觀還是成功的一大要訣。培養孩子的樂觀精神就是在點燃孩子對未來、對成功的希望之火。樂觀的孩子能從消極中找尋積極一面，也因此讓自己擁有一片更廣闊的天空。

　　美國兒童教育專家提出「培養孩子樂觀心態」的建議：

- **勿對孩子控制過嚴**：身為家長，當然不能對孩子不加管教，但是控制過嚴又可能壓制兒童天真爛漫的童心，對孩子的心理健康產生消極作

用。不妨讓孩子在不同年齡階段擁有不同選擇權。只有從小能享受選擇權的孩子，才能感到真正意義上的快樂和自在。

- **鼓勵孩子多交朋友**：不善交際的孩子大多性格憂鬱，因為時時可能遭受孤獨的煎熬，享受不到友情的溫暖。不妨鼓勵孩子多交朋友，特別是同齡朋友。本身性格內向、憂鬱的孩子更適合多交一些開朗樂觀的朋友。

- **教會孩子與人融洽相處**：和他人融洽相處者的內心世界較為光明美好。家長不妨帶孩子接觸不同年齡、性別、性格、職業和社會地位的人，讓他們學會和不同類型的人融洽相處。當然，孩子首先得學會跟家長和兄弟姐妹融洽相處，跟親戚朋友融洽相處。此外，家長自己應與他人相處融洽，做到熱情真誠待人，不在背後隨意議論別人，給孩子樹立一個好榜樣。

- **物質生活避免奢華**：物質生活的奢華會使得孩子產生一種貪得無厭心理，而對物質的追求往往又難以獲得自我滿足，這就是為何貪婪者大多不快樂的原因。相反，那些過著簡單生活的孩子，往往只要得到一件玩具，就會玩得十分高興。

- **讓孩子愛好廣泛**：一個孩子如果僅有一種愛好，就很難保持長久的快樂感覺。試想：只愛看電視的孩子一旦晚上沒有合適的節目時，心頭必然會鬱鬱寡歡。相反，如果孩子看不成電視時，讀書、看報或玩遊戲，同樣可以樂在其中。

- **擁有適度的自信**：擁有自信與快樂性格的形成息息相關。對一個因智力或能力有限而充滿自卑的孩子，家長務必發現其長處發揚光大，並多作表揚和鼓勵。來自家長和親友的正面肯定有助於孩子克服自卑、樹立自信。

- **第七，創建快樂的家庭氣氛**：家庭成員之間的關係，在很大程度上會影響孩子性格的形成。研究表明，孩子在牙牙學語之前就能感覺到周圍的情緒和氛圍，儘管當時他還不能用語言來表達。可以想見，一個充滿了敵意甚至暴力的家庭，絕對培養不出開朗樂觀的孩子。

賦予孩子信念的力量

1989 年發生在美國洛杉磯一帶的大地震，在不到 4 分鐘的時間，有將近 30 萬人受傷。

在混亂中，一個年輕的父親安頓好受傷的妻子，便衝向 7 歲兒子上學的學校。他眼前，那棟昔日充滿孩子們歡聲笑語的三層樓建築，已變成一片廢墟。

他頓時感到眼前一片漆黑，大喊：「艾曼達，我的兒子！」跪在地上大哭，他突然想起自己常對兒子說的一句話：「不論發生什麼，我都會跟你在一起！」於是他堅定站起身，朝那片廢墟走去。

他知道兒子的教室在一樓的左後方，他快步走到那裡，開始動手。

在他清理挖掘時，不斷有孩子的父母急忙趕來，看到這片廢墟，他們痛哭並大喊：「我的兒子」「我的女兒」哭喊過後，他們絕望離開了。有些人上來拉住這位父親說：「太晚了，他們已經死了。」這位父親雙眼直直看著這些好心人，問道：「誰願意來幫助我？」沒人給他肯定的回答，他便埋頭繼續著挖。

消防隊長攔住他：「太危險了，隨時可能發生起火爆炸，請你離開。」

這位父親問：「你是不是來幫助我？」

員警走過來：「你很難過，難以控制自己，可這樣不但對你不利，對他人也有危險，馬上回家去吧。」

「你是不是來幫助我？」

人們都搖頭嘆息著走開了，都認為這位父親因失去孩子而精神失常了。

這位父親心中只有一個念頭：「兒子在等著我。」

他挖了 8 小時、12 小時、24 小時、36 小時，沒人再來阻擋他。他滿臉灰塵，雙眼布滿血絲，渾身上下破爛不堪，到處是血跡。到第 38 小時，他突然聽見底下傳出孩子的聲音：「爸爸，是你嗎？」

是兒子的聲音，父親大喊：「艾曼達，我的兒子！」

「爸爸，真的是你嗎？」

「是我，是爸爸，我的兒子！」

「我告訴同學們不要害怕，說只要我爸爸活著就一定來救我，也就能救出大家。因為你說過，不論發生什麼，你都會跟我在一起！」

「你現在怎麼樣？有幾個孩子活著？」

「我們這裡有 14 個同學，都活著，我們都在教室的牆角，房頂塌下來架了個大三角形，我們沒被砸著。」

父親大聲向四周呼喊：「這裡有 14 個孩子，都活著！快來幫忙！」

過路的幾個人趕緊上前來幫忙。

50 分鐘後，一個安全的小出口開闢出來。

父親聲音顫抖地說：「出來吧！艾曼達。」

「不，爸爸。先讓別的同學出去吧，我知道你會跟我在一起，我不怕。不論發生了什麼，我知道你都會跟我在一起。」

這對了不起的父子在經過巨大的磨難後，緊緊擁抱在一起。

一個有信念的人，是不會懼怕困難險阻的，因為他們的心裡始終綻放著一朵豔麗的信念之花。這朵花可以給他們希望、給他們力量。

　　身為家長，我們應賦予孩子信念，這樣，孩子才會在挫折面前表現出勇敢、無畏。信念是根脊梁，支撐著一個不倒的靈魂，支撐著人生的大廈；信念是盞明燈，照亮著一個期盼的心靈，照亮著人生的殿堂；信念是個路標，指引著一個前進的方向，指引著人生的道路。

　　法國作家羅曼·羅蘭曾說：「人最可怕的敵人就是沒有堅強的信念。」

　　在美國紐約有一位年輕員警，在一次追捕行動中，被歹徒用衝鋒槍射中左眼和右膝。3個月後，當他從醫院裡出來時，完全變了個樣：一個曾經高大魁梧、雙目炯炯有神的人，成了一個又跛又瞎的殘疾人。

　　紐約市政府和其他各種團體授予了他許許多多勳章和錦旗。紐約有線電臺記者曾問他：「您以後將如何面對您現在遭受到的厄運呢？」他說：「我只知道歹徒現在還沒有被抓到，我要親手抓住他！」

　　之後，員警不顧任何人的勸阻，參與了抓捕那個歹徒的行動。他幾乎跑遍了整個美國，甚至有一次為了一個微不足道的線索，獨自一人搭乘飛機去了歐洲。

　　9年後，那個歹徒終於在亞洲某個小國被抓了，這位員警給了非常關鍵的線索。在慶功會上，他再次成了英雄，許多媒體稱讚他是最堅強、最勇敢的人。

　　半年後，員警卻在臥室裡自殺了。在他的遺書中，人們了解了他自殺的原因：「這些年來，讓我活下去的信念就是抓住凶手……現在，傷害我的凶手被判刑了，我的仇恨被化解了，生存的信念也隨之消失了。面對自己的傷殘，我從來沒有這樣絕望過……」

　　透過這個故事，我們知道，信念的力量是多麼強大，它可以讓一個又跛又瞎的人奔走9年，戰勝厄運。而一個人一旦沒有了信念，又是多麼的可怕，它能讓一個堅強的人走向死亡。

既然信念可以戰勝一切畏懼與困難，那麼，我們應怎樣才能讓孩子擁有堅定信念呢？

- 讓孩子認識到信念比挫折還大，不管什麼時候，信念都掛在心頭。
- 遇到挫折時，讓孩子放下包袱，因為只有放下挫折，才能拿起信念。
- 經常提醒孩子自己的夢想是什麼、目標是什麼。
- 給孩子的夢想、目標分段式，一步步走向成功。

▋訓練孩子的心理承受能力

當今一些孩子常因一些在成人看來微不足道的原因，如家庭關係、學習、交往等而離家出走，甚至自殺。許多家長和老師都感慨，「孩子越來越嬌氣了，心理承受能力也越來越差了。」一個人只要參與社會生活，就會遇到各種壓力、困難和挫折。對此，有的人堅強、樂觀、勇敢地去戰勝它；有的人就顯得懦弱、悲觀，處處逃避它。培養孩子形成遇忙不亂的心理素養，是保持健康心態的基礎。

心理承受能力是一個心理素養問題，反映了一個人對待困難與挫折的理智程度。因此，心理承受能力的培養，應該以良好行為習慣的養成為基礎，以心理健康教育為主要內容，循序漸進擴展起來。

小然是個乖孩子，可就是太嬌氣，很容易灰心或傷心，即使家人在他面前說話也要小心翼翼，怕無意間傷害了他。父母感到擔心，長此以往，孩子長大後怎麼能在社會上獨當一面呢？

一個週末，爸爸帶著小然來到兒童樂園玩，小然很高興。在玩了幾個遊戲後，爸爸指著旋轉的雲霄飛車對小然說：「你看，那些小朋友玩得多快樂啊！你想不想跟他們一樣，體驗一下飛的感覺？」

小然羨慕看著別的小朋友，小聲說：「我也想玩，可是我害怕……」爸爸鼓勵他道：「怕什麼，還有老爸呢！」小然在爸爸的鼓勵下，開始躍躍欲試了。爸爸跑去買了兩張票，在小然面前晃著問：「敢嗎？」小然被激得說：「有什麼不敢，走吧！」

雲霄飛車開始旋轉了，小然嚇得把眼睛緊緊閉上，聽著別人的尖叫，心跳不斷加速。他在心裡默念：我要勇敢……好像過了很長時間，雲霄飛車終於停了，爸爸拍了拍他的肩膀，他睜開眼睛，啊，天好像更藍了，他覺得自己一下子長大了，爸爸對他豎起了大拇指。

其實，每一個家長都疼愛自己的孩子，都會千方百計為孩子創造良好、寧靜的生活環境。不管在學習上和生活上總是給孩子最好的，寧可委屈了自己，也絕不委屈孩子。可是，要想讓孩子堅強走好成長的每一步，在未來社會的競爭與挑戰中立於不敗之地，明智的家長應該從小關注孩子心理承受能力，培養孩子平和的心態，讓孩子在體驗中學會面對困難並戰勝困難，建立自信、樂觀的個性。

- **讓孩子學會公平競爭**：現在的孩子好勝心強，什麼都想得第一。在孩子小的時候就應該讓他明白，一個人有成功的地方，也會有不如人的地方，樣樣都是你第一那是不可能的；同時對孩子的較弱勢的地方應鼓勵他多練習，提供給孩子一個公平競爭的機會，讓孩子意識到自己會成功，也會失敗，不管是成功還是失敗，只要自己努力了，都應覺得自豪，而不是只接受成功，拒絕失敗。
- **培養孩子的適應能力**：在日常生活中，家長要從現實出發引導孩子，讓孩子坦然面對現實，全方面的經歷各種情感體驗，無論是快樂、自信、希望還是痛苦、失望、拒絕，都讓孩子真實體驗。

第七章　讓孩子自己承受挫折

- **父母要經常關心、鼓勵孩子**：父母每天要抽出一些時間，在輕鬆的氣氛中，和孩子談談學習、生活，鼓勵孩子談談自己遇到的困難，遭受的挫折；同時，父母也應該談談自己平時在工作、生活中遇到挫折是如何面對的；當孩子遇到困難時，父母千萬不能大聲呵斥或粗暴責問，而應施以更多的關愛，如給孩子安慰，讓他緊張的情緒得以放鬆；或與孩子坐在一起談心，讓孩子主動訴說自己的不幸與委屈，只要父母能認真聽其傾訴，父母充滿愛的信任和鼓勵，就一定會鼓起孩子的勇氣，激發他的自尊和自信，讓他儘快擺脫不愉快的情緒，快樂投入學習、生活中。

- **盡可能地讓孩子自己決定和處理自己的事**：身為家長，應盡量讓孩子自己決定和處理自己的事。只要不是壞事，只要孩子能夠做到，就讓他們自己決定，自己去做。

- **盡量少奉承孩子**：許多孩子是在充滿奉承的環境中長大的，即使孩子做了一些他應該做的事，周圍的人也總是讚不絕口；孩子犯了錯誤，家長怕「刺激」孩子，千方百計幫孩子找藉口。這使孩子任性、虛榮。不奉承孩子，就是不單純去討孩子歡心，就是善於讓孩子承擔他應該承擔的義務，就是讓孩子清楚什麼是對，什麼是錯，什麼應該做，什麼不應該做，從小就正視自己遇到的每一個問題。

- **及時地排解孩子的心理壓力**：有時孩子會面對一些他自己無法承受的心理壓力。這時就特別需要教師和家長進行排解和疏導。常用方法是：跟孩子談心，解開他們想法上的困擾；給孩子做出某些承諾，消除其顧慮；幫助孩子分析原因，解決問題；鼓勵孩子堅強、自信，化解心理壓力；善意關心孩子的事，不論與心理壓力的原因有無直接關係，都會使孩子獲得信任感；鼓勵孩子多從事一些其他方面的活動，

轉移其注意力。

- **刻意進行「心理演練」**：心理和生理一樣，必須透過一定的鍛鍊活動才能促進健康。為培養孩子的承受能力，可安排一些「心理演練」。比如，可在體育活動中培養孩子的意志力；透過安排各種活動來建立孩子的自信心等，幫孩子建立正確的競爭意識；有時可出點難題，在他們失敗、失意的時候給予鼓勵，讓孩子以平和自然的心態參與生活和競爭，能夠經得起未來人生路上的風風雨雨。

第七章　讓孩子自己承受挫折

第八章 替「問題」孩子鬆綁

　　「問題」孩子，顧名思義是指在師長眼裡有各種不良行為，且屢教不改的孩子。可是，教育專家告誡我們，世上從來就沒有「問題」孩子，只有問題教育 —— 「問題」孩子的出現，往往是家長不當教育所導致。因此，在面對「問題」孩子時，家長首先應該反思自己的教育方式。而對於那些「問題」孩子，家長更應懷抱一顆平和之心，允許孩子犯錯，更給孩子一個修正自己的空間，耐心的、從容的、坦然的和孩子一起走出困境。

　　這也就是說，家長一定要保持冷靜：孩子這些心理行為的表現並不是問題的所在，關鍵在於找到造成孩子問題產生的根源，對症下藥，而這必須要有強大的教育理論的支撐，即使你沒有學者的睿智，你也要用一顆學者的慧心來要求自己，學會從理論的角度來理解孩子、引導孩子，包容和幫助他們。

「問題」孩子源於「問題」教育

現在的家長由於工作忙碌，生活壓力大，對孩子不是簡單粗暴的體罰，就是溺愛，很少有時間坐下來陪孩子說話、玩耍。特別是一些年輕的家長，受全球金融危機以及高昂房價等現實因素的衝擊，所承受的壓力是無法比擬的，於是，在面對孩子的教育上就表現得力不從心。毫無疑問，家長們的這些做法存在著嚴重的問題，正所謂有什麼樣的行為就有什麼樣的結果，「問題」教育帶來的是「問題」孩子的增多。

在工作中，林先生是一個成功的商人，但在家庭生活中，他卻是一個失敗的父親，13歲的女兒特別叛逆，還常常做出一些出格的事：抽菸、罵髒話。「我很後悔，只給了她物質方面的滿足，卻從來沒進入她的內心世界。」林先生的女兒從小就是在寄宿學校度過的，而且都是貴族式的，可多年的寄宿生活卻讓女兒變得怪異。有一次，她慫恿班上幾個同學一起去砸教室的燈，而目的只是為了引起老師的關注。「可能是女兒太空虛了，從小到大，我和她談話的次數很少，導致現在她根本不願意和我們交流，即使在家，也是瘋狂地上網、玩遊戲。」

現實生活中，一旦孩子出現問題後，家長的第一反應就是「病急亂投醫」，卻從不管孩子是否能夠接受。其實，現在很多問題孩子所表現出來的「叛逆」，基本都是青春期常見的問題，只要家長給予正確的指導，問題孩子的問題就一定可以解決。

第一，最大限度地理解、寬容、愛護問題孩子。問題孩子不一定是壞孩子，由於未成年孩子正處在身心發展階段，是非觀念尚未成熟，對一些問題難免有不正確的看法或錯誤做法。這時，家長不能因為孩子犯錯誤就把他當作壞孩子。問題孩子的錯誤，大多是心理問題，而不是道德問題。孩子的行為動機往往是純真的，也許是好奇心、表現欲所導致的行為過失，不能輕易

或者盲目定義為道德問題。孩子們犯了錯誤，他們迫切想得到的是理解和幫助，而絕不是粗暴的批評和懲罰。他們正是不斷從錯誤中吸取教訓而成長、成熟起來的，家長應該最大限度地去理解、寬容、愛護他們。

第二，為問題孩子營造愉悅的成長環境。家長要善於為孩子營造愉悅的成長環境。當孩子處在輕鬆愉快的狀態時，記憶力會大大增強，想像也會更加豐富。在這樣的狀態下，學習效率會大大提升，學習潛力可以得到更大發揮。對問題孩子要講究愛的情感、愛的行為和愛的藝術。愛孩子，就必須走進孩子的情感世界，就必須把自己當作孩子的朋友，去感受他們的喜怒哀樂。有時一個關愛的眼神，一句信任的鼓勵，都能贏得問題孩子的愛戴和信賴，會使他們的潛能發揮出來，使他們能充分享受到學習成功的樂趣。

有個孩子因為學業不太好，對老師的提問常常不能回答。在課堂上他想舉手回答問題，但又怕同學們說他笨，有時硬著頭皮舉了手卻回答不出問題，他為此很壓抑和自卑。這位老師在了解了他的情況後，和他約定，「以後回答問題，要是你不能回答就舉右手，能回答就舉起你的左手。」這樣一來，孩子信心大增，慢慢的，他舉起左手的次數越來越多。　家長在面對問題孩子時，應該給予他們更多的寬容，沉著冷靜處理問題，少用訓斥、打罵等簡單方法，多用鼓勵、正面引導、溝通交流等方法來引導，讓孩子朝積極方向發展。

▌給孩子犯錯的權力

發展心理學認為，孩子小的時候，需要體驗所有的情緒與行為，留下適當的印象，在今後成長的道路上，這些印象都是可利用的資源。孩子可以透過「心理反芻」，找到合適的應對方法。孩子小時候犯一些錯誤，透過錯誤來認知與外界或他人的關係，也可以獲得對錯誤的部分免疫。

法國作家羅曼・羅蘭說：「人生應該做點錯事。做錯事，就是長見識。」任何嘗試都有可能犯錯，不允許孩子犯錯，就是不允許孩子成長。「人非聖賢，孰能無過？」在學習、工作和生活中，家長都難免會犯各種錯，更何況是天真無邪的孩子呢？

在孩子懵懵懂懂的成長過程中，由於身體和思想等方面都不夠成熟，做事難免會出錯。家長認為一件微不足道的小事，在孩子看來也許並不那麼容易解決。因此，孩子做錯了事，家長不能以成人的眼光和標準去評斷，而應該以一顆寬容的心給孩子犯錯的機會。

歐美國家的家長大都持「鼓勵孩子犯錯」的觀點，這也許會受到許多中國家長的排斥，他們會覺得這樣不可理喻。其實，鼓勵只是一種手段，培養孩子的「悟性」才是真正目的。孩子的悟性往往都是從錯誤中得來的，這與「失敗乃成功之母」、「吃一塹長一智」等道理如出一轍。當然，這裡的「錯誤」並不是指違法等原則性錯誤，而是孩子在求知過程中，因認知能力稚嫩導致的失敗、經受的挫折和多走的彎路。

一位中國老師到一位美國律師家做客，她看見律師 3 歲的孩子正在將一把鑰匙笨拙插進鎖中，孩子想要打開臥室的門，可是由於身高和協調性都不夠，怎麼也打不開。於是，這位中國老師連忙走過去想幫助他一下，卻被律師阻止了。那位律師說：「不要去打擾他，讓他自己先犯些錯誤吧，琢磨一會兒總能把門打開的，這樣他就再也不會忘記怎樣開門了！」

果然，孩子研究了很長一段時間後，終於將門打開了，他為此高興得手舞足蹈起來。

可見，鼓勵孩子犯錯，就是要求家長放棄掃除孩子人生道路上障礙，該由孩子自己做的事情，就要放手讓他們去大膽想、大膽做、大膽試，不要因為他們做不好就越俎代庖，更不能因為他們一個天真的想法，犯了錯

就加以指責。只要有利於孩子思考的創新，有利於孩子身心健康的成長，就應該允許並鼓勵他們犯一些「天真」的錯誤。只有這樣，才能使孩子逐漸培養從失敗走向成功的自信，不至於成為縮手縮腳、畏首畏尾的弱者。

義大利報人兼發行人朗根尼西說過：「不要給我忠告，讓我自己去犯錯。」一個人怕犯錯，就是畏懼現實；一個人想逃避犯錯，就是逃避現實。因此，家長在養育孩子的過程中切勿以個人的喜好左右孩子的成長，應該以孩子的成長需要為主，輔助他們身心的發展和統一。每個孩子都應該在孩提時代多犯一些錯，家長對此應該抱著寬容的態度，小時候犯錯是為了讓孩子在踏上社會後，少犯致命錯誤。

那麼，孩子為什麼會犯錯？他們往往不是故意的，而是在無意間犯下的。譬如，孩子很好奇放在床頭的小鬧鐘為什麼總是「滴滴答答」響個不停，於是把小鬧鐘拿來研究一番，甚至拆了個亂七八糟；孩子嘴巴饞了，想吃點放在櫃子裡的零食，便踮起腳尖去拿零食，可是不小心打翻了玻璃瓶；孩子看到其他小朋友手中的漂亮玩具，於是去拿人家的玩具，沒想到把小朋友弄哭了。對於孩子犯的這些錯誤，家長難免會緊張，甚至會斥責孩子「調皮」等。但家長不妨試著從另一個角度去看待孩子的這些行為。孩子將鬧鐘拆了個亂七八糟，說明他是個充滿求知慾的孩子，對身邊的新鮮事物有探究的欲望；孩子將櫃子裡的玻璃瓶打翻了，可以讓他明白做事要謹慎，不然就會闖禍；孩子搶奪別人的玩具而把別人弄哭，可以教育孩子懂得凡事不能以自我為中心的道理。

總之，孩子犯錯誤，是孩子成長中必經的體驗。管教孩子，不等於盡全力不讓孩子犯錯，孩子犯錯，也不等於家長教養的失誤，更不等於孩子的成長有問題。當孩子為所犯的錯誤難過時，家長不應以憐憫的態度對待孩子，或者在孩子面前唉聲嘆氣，更不要劈頭蓋臉責罵孩子，正確的方法

是讓孩子明白，人人都可能失敗、犯錯誤，勇敢、聰明的人會從失敗中吸取教訓，繼續努力。

身為家長，要允許孩子犯錯誤，要正確對待孩子所犯的錯，但教導孩子少犯錯誤或不犯重複的錯誤，這更是家長應盡的責任和義務。

在錯誤中發現優點

陶行知先生某天看到一名男生想用磚頭砸同學，制止他後，把他叫到辦公室。陶先生則留下來，簡單了解情況後回到辦公室，發現那名男生正在等他，便掏出一顆糖遞給他：「這是獎勵你的，因為你比我準時。」接著又掏出一顆糖：「這也是獎勵你的，我不讓你打人，你立刻就住手了，代表你很尊重我。」該男生將信將疑接過糖，陶先生又掏出一顆糖給他：「據了解，你打同學是因為他欺負女生，這說明你有正義感。」這時那名男生哭了：「校長，我錯了。同學再不對，我也不能用這種方式。」陶先生又掏出第四顆糖：「你已經認錯，再獎勵你一顆。我的糖分完了，我們的談話結束了。」

面對這位學生的錯誤，陶行知既沒有批評更沒有打罵，而是換了一個角度，用平和的心態，從錯誤中發現學生誠實守信、尊眾師長、為人正直、勇於承認錯誤的優點。陶行知用誠心喚醒了學生的良知，讓學生主動承認錯誤、接受教育，從而在心靈深處產生改正錯誤、完善自己的願望。這給家長一些啟發。

在現實生活中，家長發現孩子的錯誤並不難，難的是從錯誤中發現孩子的特點，然後用讚賞的態度和語言去教育，使其認識到自己的錯誤並改正。

每個孩子都免不了會犯這樣那樣的錯誤，而孩子正是在不斷犯錯、糾正錯誤的過程中成長的。有些家長一看到孩子犯錯，就不分青紅皂白責罵

孩子，這樣又如何能從孩子的錯誤中找到特點呢？比如，對於孩子犯錯後勇於承認、擔當，要給予獎勵和讚賞，肯定孩子這種勇於認錯的精神，而不是追究孩子的錯誤。要知道不當的責罵或體罰，會在不知不覺中傷害孩子。所以說，問題重點不在於孩子是否犯錯誤，而在於家長採取何種態度讓孩子認識並糾正錯誤。實際上，善於在孩子的錯誤中發現優點，用賞識的態度去教育孩子改正錯誤，比嚴肅的批評和打罵更有用。

阿偉是班上出了名的淘氣孩子，經常會在班上製造一些麻煩。一天午餐過後，老師剛走到走廊上，已吃完飯的孩子們就接二連三說阿偉的種種不是。這個說他打人，那個說他搶人家的書。

老師讓大家安靜下來後說：「老師和同學們一樣討厭阿偉身上的缺點，我想他也應該知道自己錯了，大家能不能想想他有沒有什麼優點呢？」一陣沉默過後，大家爭先恐後說起阿偉的優點，「他飯吃得很快」、「他經常搶著做事」……最後，老師當著全班同學的面對阿偉說：「我們希望阿偉更加努力，讓自己身上的優點越來越多，缺點越來越少。你說好嗎？」阿偉低頭說：「我知道錯了！我要讓自己的優點越來越多，缺點越來越少。」「我們又發現了阿偉一個優點，那就是勇於承認錯誤。」老師補充道。

現在的阿偉，活潑可愛，與同伴相親相愛，愛和老師說自己的心裡話……總之，老師同學都越來越喜歡他了。

這個事例說明：要善於發現孩子的優點，讓孩子在自信中成長。孩子犯了錯，家長難免會責備孩子，但是責備的方法有很多種，如果方法不當，可能會影響孩子的一生。而如果家長善於找到孩子錯誤中隱藏的優點，然後賞識孩子，不僅可以讓孩子充分認識錯誤，而且還會繼續保持這個優點，養成正確對待錯誤的習慣。所以，面對「壞」孩子，家長更需要

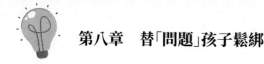

努力去找他們的特點，出自真心去讚揚、鼓勵和引導。

學習時間，孩子跑到客廳打開電視。

這時，母親從房間出來。

「你怎麼老看電視，不好好做作業？」接下來就是母親的一番數落，「你這麼喜歡看電視，你別做作業了，有本事去當演員！」

孩子委屈說，「我已經做完作業了。」

母親不依不饒，「你這是什麼毛病，找藉口，還頂嘴……」

瞧，這位母親將孩子的錯誤行為指出後，還抓著他的錯誤不放，並將錯誤誇大，這樣不但不會讓孩子意識到自己的錯誤，反而使孩子產生了牴觸情緒。不當的責罵以及動粗、體罰或其他威嚇等處罰方式，不僅會在不知不覺中傷害孩子，還可能激起孩子的仇恨心理。

有個普遍的現象，就是孩子隨著年齡漸漸長大，聽到家長的表揚逐漸減少，而批評逐漸增多。家長應該清楚了解，孩子是在周圍人的評價中認識自己，尋找方向，不斷前進的。家長對孩子的評價至關重要。肯定評價會讓孩子獲得愉快的心理體驗，產生好好做的激勵作用；否定性評價會使孩子心理不愉快，一方面可能反思問題，努力改正，另一方面也可能減弱自信，產生自卑。

任何一個人，渴望被別人肯定的心理需求，大大超過被別人否定的心理需求。這個理論大多數家長都懂，也想多表揚孩子，但往往覺得找不到值得表揚的優點，這該怎麼辦呢？其實只要家長在日常生活中細心觀察，就總會發現孩子有進步的地方 —— 這就是值得表揚的優點：孩子的進步可以是多方面進步，也可以是單方面進步，比如可能是一次考試成績的進步，可能在公益活動方面表現較好，可能在體育方面取得好成績，可能有小發明……總之，要拿孩子的今天比昨天、比前天，哪怕發現一點微小的

進步，也應及時肯定。不應該橫向或高標準要求，而認為孩子的進步不起眼，不值得一提，於是就漠視了孩子的進步。優秀的家長，總能在孩子的錯誤中發現優點。

▋別對孩子非打即罵

教育專家認為：打罵教育是中國傳統專制家庭關係的遺毒，會對青少年身心造成嚴重摧殘。打罵教育也是一種畸形的家庭教育方式，不僅不會使孩子成才，而且還有可能釀成家庭悲劇。

英國著名的哲學家和教育思想家約翰·洛克早在 300 年前就提出：要尊重孩子，要精心愛護和培養孩子的榮譽感和自尊心，反對打罵孩子。他斷言：「打罵式的管教，其所養成的只會是『奴隸式』的孩子。」

望子成龍、望女成鳳是家長們的普遍願望。但是，由於他們教育失去分寸，有意或無意中採取了打罵的教育方式，結果事與願違，出現了不少觸目驚心的家庭悲劇。

據一項媒體所作的調查顯示，近 2/3 的孩子曾經遭受過家庭暴力。在接受調查的 498 名大學生中，54％的人承認自己在中小學階段經歷過家長體罰，體罰的形式以家長動手動腳為最多，占到 88％，借助工具，如棍棒、皮帶、衣架等實施暴力的占 1.6％。從體罰的種類看，辱罵占 25.28％，罰跪占 16.36％，罰站占 13.38％，被家長逐出家門的占 4.09％。

很多例子證明，粗暴的教育方法，不但達不到家長教育目的，而且會使孩子形成各種心理問題，而這，往往會成為孩子日後不良行為、甚至走上犯罪道路。

阿華的父親經常對他非打即罵。這天，阿華去網咖耽誤了學習，他的父親氣不打一處來，上前拉住孩子，左臉一巴掌，右臉一巴掌，接著用腳

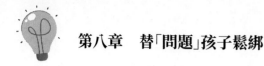

狠踢，孩子掙扎起來，又把他踢倒，如此反覆多次。圍觀者紛紛勸阻，可阿華父親不但不聽，反而打得更起勁，破口大罵起來：「你再去網吧我就打死你！」阿華這下也生氣了，不顧一切撿起路邊的磚頭向父親砸去……到了晚上，父親發現阿華沒有回家，緊接下來的幾天也沒有蹤影，可把他急壞了，趕緊到處打聽孩子的下落。就在大家一籌莫展的時候，家裡接到了派出所的電話，原來阿華因討厭父親離家出走後，身無分文的他在飢寒交迫之下只好偷竊，被巡邏的員警抓了正著。這時，阿華父親才後悔莫及。

由此可見，打罵只會事與願違，孩子越打越不聽話，說謊、逃家、打架等「意外」現象更是層出不窮。國外行為學專家研究發現：一見孩子犯錯誤就大發雷霆，大聲訓斥，甚至打罵，這樣重複下去，孩子對訓斥的適應能力就會逐漸提高，久了孩子就會對一般的訓斥抱持無所謂的態度。心理學家指出：家長在孩子的成長過程中採取打罵方式，會給孩子造成諸多心理問題。

打罵不是教育孩子的好方法。要停止打罵孩子，必須認識到打罵孩子的危害：

- **會造成嚴重的親子隔閡**：孩子遭打的時候，心裡一定不好受。皮肉之苦，使他們產生怨恨、叛逆、畏懼等心理，打的結果，孩子與家長之間的親情日益淡漠，隔閡越來越深，有些孩子甚至會產生報復心理。
- **會造成悲觀厭世情緒**：每個孩子都有自尊，希望得到別人，包括家長的尊重，而別人的尊重、信任，會使孩子產生自信，這是他們前進的重要動力。經常挨打的孩子，自尊心受損，產生自卑，容易自暴自棄。家長應該是孩子最親近的人，經常遭家長的打罵，孩子會感到人世間沒有溫暖，活著沒有意思，於是悲觀厭世。現實中，由於遭受家長打罵，出走者有之，自殺者有之，造成的家庭痛苦是難以言語的。

- **使孩子陷入孤獨的深淵**：經常挨打的孩子，會感到孤獨無援。尤其是家長當眾打孩子，會使孩子的自尊心受傷，往往會懷疑自己的能力，會感到「低人一等」，顯得比較壓抑、沉默，認為老師和同學都看不起自己而抬不起頭。於是這種孩子往往不願意與家長和老師交流，不願意和同學一起玩，性格上顯得孤僻。

- **導致孩子說謊**：有的家長一旦發現孩子做錯事就打。為了逃避挨打，孩子往往孩子會說謊，瞞得過就瞞，騙得過就騙，因為騙過一次，就可減少一次皮肉之苦。但是孩子說的謊，往往站不住腳，容易被家長發現。為了懲罰孩子說謊，家長態度更加強硬。為了避免再被家長暴打，孩子下一次做錯事更要說謊，這樣就構成了惡性循環。

- **造成孩子人格畸形**：從心理學角度講，家長粗暴高壓，會導致本來性格倔強的孩子產生抵抗意識、對立情緒，進而變得性情暴躁，甚至形成攻擊型人格，對別人施暴，難以建立良好的人際關係；而性格怯懦的孩子，會產生嚴重的畏懼心理，表現出軟弱的順從意識，進而形成膽小怕事的性格等等，這樣的後果，將影響孩子的整個人生。

　　總之，打罵不是教育孩子的好方法，打罵是按家長的意志來改變孩子的行為，會傷害孩子的身心。成功的家長是懂得拒絕打罵和暴力的家長，是能夠孩子成長創造快樂天空的家長。

要威嚴但不要嚴厲

　　在我們的生活中，還有很多家長誤以為教育孩子必須嚴厲，好像家長的態度不嚴厲，孩子就不會聽一樣。久而久之，家長就常說「你今天必須」、「你要」「你應該」、「你不准」等。這種做法，不僅束縛了孩子的「拳腳」，讓孩子不能真正發揮自己的才能，還會把孩子培養成一個

第八章　替「問題」孩子鬆綁

「軟柿子」。

　　心理學實驗證明，存在心理問題的孩子，大多是因為父母採取了「單向教育」的方式。他們在教育孩子的時候，擁有著絕對的權威，遵從嚴厲的原則，認為如果態度太過溫和則達不到教育目的。家長的出發點是好的，卻惡化了親子關係，還讓孩子喪失了安全感和歸屬感，從而影響孩子的身心健康和個性的健全發展。

　　很多範例證明，粗暴的教育方法，不但達不到父母教育目的，而且會使孩子形成孤僻、膽怯、仇視、攻擊等心理問題，而這往往會成為孩子日後不良行為、甚至走上犯罪道路。

一、嚴厲會讓孩子變得懦弱

　　自從小玉懂事起，她就不敢到公共場所玩耍，也不願與其他小朋友來往。家中父母的好友來訪，她也躲開不肯相見，常常獨自與玩具做伴。

　　到了上幼稚園的年齡，小玉說什麼也不肯去，在去的路上常常大哭大鬧，到幼稚園後就一人躲在角落裡，不參加團體遊戲，生活也顯得被動。

　　上小學後，小玉與老師、同學接觸顯得緊張、不自然，甚至感到很彆扭。她不敢和陌生人說話，不敢和別人目光對視，更不能在他人的注視下學習，甚至不敢獨自在公共廁所上廁所。

　　小玉的父母很著急，帶著她去找心理醫生，醫生詢問他們在家是如何教育孩子的，他們坦承從小就對小玉管教嚴格，他們奉行「打是情罵是愛」的教育原則。醫生聽後頻頻搖頭，指出小玉的病就出在父母嚴厲的家教上。

　　小玉的膽小怕事，是一種實實在在的社交恐懼症。是來自父母對孩子宣洩不良情緒、粗暴干涉孩子心靈自由發展的後果。孩子心靈的健康成長需要五大自由：看、聽、感受、幻想以及情緒的釋放，但許多父母總喜歡用自己的判斷去取代孩子的判斷，不給孩子們思考和決定的自由，也不允

許孩子表達自然的情緒。被管得太多太嚴了，孩子的心理防禦系統開始啟動，他們覺得自己總是犯錯、不如別人，慢慢變得自卑、害怕嘗試，進而脫離社會生活，形成社交恐懼。

二、嚴厲會導致孩子出現強迫症

這天，某青少年研究會心理諮詢師接待了一位高中生，她訴苦道，自己洗一次手就要花兩個小時；拒絕吃被人摸過有「細菌」的東西；現在體重只有 35 公斤，可是還嫌自己胖……諮詢師說，這是典型的強迫症狀。「父親對我的期望很高，他希望自己的女兒比任何人都強。」這位高中生說，從她小時候開始，父親對她的學習、生活都要求非常嚴格。有一次，她考了班裡第一名，但父親責怪她為什麼和第二名沒有拉開太大的距離。因為頂嘴，脾氣暴躁的父親動手打了她。在這樣的環境中，她逐漸順從了父親的意思去努力學習，從達到父親期望的高度，同時，按照父親的標準來要求自己。

有些父母對孩子的期望很高，實施嚴格家教，在家庭環境的影響下，這些孩子也對自己有較高的要求。問題是，孩子一旦經歷了某些挫折，就容易出現無法接受事實的心態，逐漸出現強迫等症狀。專家建議：在生活中，父母應多給孩子一些鼓勵，教育孩子要有戰勝自我的信心，而不要因為孩子們達不到父母的高要求就打擊他們。

三、嚴厲會導致孩子產生厭世情緒

小柯的成績經常名列前茅，各種競賽也經常拿獎，可是最近半個月來，他舉止異常，上課心不在焉，說話時更是語無倫次。有一天，他竟然對老師說：「活著真沒意思。」老師家庭訪問後發現，由於小柯父母家教太嚴，對孩子總是採取否定式的教育方式，小柯已經憋出病了。

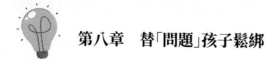

　　小柯的家長「望子成龍」心切，期望值過高，要求過嚴，違背孩子自身的發展規律。導致小柯對生活產生了失望，更對人生產生了厭惡，才有了「死」的念頭。由此來看，要使教育獲得成功，就要全面了解孩子身心發展的實際情況，遵循孩子生理和心理的發展規律。

　　中國傳統是喜歡老實的孩子。父母總希望孩子規規矩矩、百依百順，孩子稍一調皮就不能容忍，往往是管得過死、限制過多，把孩子的創造性給扼殺了。其實調皮、好動是兒童的天性，也是創造力發展的幼芽，只要不要太偏差，就不需要限制太多。

　　美國前總統尼克森（Richard Milhous Nixon）寫過一本書《領袖們》，在書中他是這樣記述的：中國的教育制度可以為群眾提供很好的教育，但卻失去了中國的達爾文（Charles Robert Darwin）和愛因斯坦。因為中國的教育制度過分強調每個人要樣樣都好，從小把他們訓練得十分馴服，不允許有獨立見解，更不允許有愛因斯坦的「離經叛道」，這樣只能培養出保守型人才。父母要真心熱愛創造型孩子，就不要對孩子要求全責備，不要用傳統的觀點把孩子訓成「小老頭」。

　　所以，家長不要對孩子過度嚴厲，家長應在孩子面前建立威信，這才是管好孩子的絕佳方法。

▌發現撒謊及時糾正

　　一個人的成長、成才、成功，需要多方面結合才能實現，智力固然重要，非智力因素也同樣重要，而誠實是非智力因素中最關鍵的一種。所謂誠實，對於孩子來說，主要表現在不欺騙別人，不對別人失信，犯了錯誤勇於承認等。

　　幾乎每個孩子都有過撒謊的行為，但並不是所有的撒謊行為都代表孩

子有嚴重的道德問題。心理學家認為，孩子撒謊一般可分為「過失撒謊」和「有意撒謊」兩種。過失撒謊大多是無意的，非功利性的。過失撒謊性質不算嚴重，也比較容易糾正。而有意撒謊則不然，它是孩子的主動行為，大多是故意編造。家長一旦發現孩子撒謊時，應及時指出並給予糾正，不然就會形成不誠實的惡劣個性。

不過，很多家長在糾正孩子撒謊行為的過程中，往往氣急敗壞，急於求成，不講方法，導致達不到好的效果。

揚揚是一個品學兼優的男孩。

一天中午，揚揚告訴媽媽下午要去社區活動中心畫畫，但媽媽偶然得知那天下午社區活動中心根本就不開門。

晚上，在家長的再三追問下，揚揚才告知實情，原來他和班上的幾個同學相約到市中心廣場玩了。於是父親勃然大怒，重重打了他一頓。

在那天的日記裡，揚揚是這樣記述的：我上午答應了同學一起去廣場的，沒有對爸媽說出實情，是因為爸媽對我的管教太嚴格，如果直接說，很可能會被拒絕，這樣我在同學面前就會很沒面子，而且還會被說不守信用。

原來，揚揚謊言的背後竟然還有一份誠信，只是，家長打罵實在太不講理。而揚揚撒謊行為與家長教育方式有直接關係。他們不明白，責罵與體罰只會誤導孩子走向深淵。

家長在對孩子的撒謊行為進行糾正時，不但要從孩子的身上找原因，而且還要反思自己的教育方式，弄清楚到底是什麼造成了孩子不誠實的行為？

孩子撒謊有各式各樣的原因：

- **為了引起注意**：孩子有想透過別人的注意來肯定自己存在的特性，如果孩子有過因說謊而引起成人關切的經歷，那麼，孩子就可能會用這種方式一而再、再而三地引起他人的注意。

第八章　替「問題」孩子鬆綁

- **家長的教育不當**：孩子模仿性很強，家長的不誠實行為，不僅會對孩子產生潛移默化的影響，還會在他們的心靈播下自私自利、損人利己的種子。
- **為了達到某種願望**：有時，孩子為了達到某種渴望已久的東西，以為撒謊就能達到目的。這是由於孩子的心理活動和思維發展尚不完善造成的。
- **為了逃避某些事情**：有時孩子說謊是為了逃避某些事情，比如：孩子不想去幼稚園，就會說「我肚子痛」。
- **因害怕訓斥、打罵**：有些家長，每次遇到孩子做錯了一件事，就要打罵孩子，孩子怕罵怕打，便用說謊來掩飾自己的過錯。

從以上幾種因素中，我們可以得知，孩子撒謊並不都是自己的錯，家長也有過錯。哲學家羅素（Bertrand Russell）曾經說過：「孩子不誠實幾乎總是恐懼的結果。」兒少心理問題專家也說：孩子說謊有種種原因，其中一個原因就是出於無奈，撒謊有時是家長逼的。這可能是很多家長都沒有想到的。

找到了孩子撒謊的根源，往往就容易對症下藥：

- **預防很重要**：對於孩子撒謊，家長既不要認為孩子小，撒謊沒什麼了不起，也不要把撒謊看得十分嚴重，認為「小小年紀就撒謊，以後還了得」。孩子撒謊本身並不可怕，重要的是對此要有正確的認識和態度。想避免孩子撒謊，應從小做起，從預防開始。
- **家長要做好榜樣**：俗話說，榜樣的力量是無窮的，它提醒我們「什麼樣的家長會教育出什麼樣的孩子」。換個角度說，想要教育出誠信的孩子，家長首先就做一個誠信的家長。

- **給孩子一個臺階下**：教育心理學研究表明，大人的評斷會決定孩子對自己的評價，從而決定孩子的努力方向。所以，不要輕易給孩子冠上「撒謊」的罪名。這不但會使孩子的自尊心受到嚴重傷害，也會使孩子產生一種愧疚之感。面對孩子撒謊，家長應該給孩子一個有臺階的機會。比如說，今天孩子說謊了，家長可以給他講一個關於誠實的故事，然後啟發孩子要做一個誠實的人。實際上，這樣的效果會比打罵的教育方式好得多。

- **獎勵誠實行為**：家長要幫助孩子認清「說謊不會成功，即使蒙混過關，也不過是暫時的，而誠實會減輕對他過失的懲罰，撒謊則會受到更嚴厲的懲罰」的道理，同時應該不斷教育孩子要誠實，孩子有了誠實的行為應及時給予鼓勵和獎勵。在糾正孩子撒謊時，獎勵誠實行為比懲罰撒謊行為更為重要和有效。所以，家長在日常生活中要多表揚孩子的誠實之處，獎勵孩子的誠實行為，這樣，孩子就能體會誠實比撒謊更有好處。

當然了，關於孩子撒謊的問題，至今還存在爭議。根據加拿大一項大型調查，孩子撒謊並不是壞事，而且還可能是智力發育超前的表現。這項調查追蹤了 1,200 個 2 歲兒童直到他們 17 歲，結果發現五分之一的 2 歲兒童都有說謊現象，3 歲時撒謊比例上升到五成，4 歲時則是近 90%，到了 12 歲時，幾乎每個孩子都會撒謊。但研究同時指出 12 歲以後撒謊比例就會下降，到了 16 歲，這一比例會降低到 70%。

但不管怎樣，家長一旦發現孩子撒謊，就應及時給予糾正。

▌嘲諷是孩子的大敵

對於一些「問題」孩子，家長往往不能正確對待他們，在教育他們的時候，總是缺乏必要的耐心。有時，家長甚至嘲諷他們 ——

- 「哎呀，竟然主動讀書，太陽打西邊出來了。」
- 「你不是很厲害嗎？你自己處理吧。」
- 「你真聰明，十個數學題就有九題算錯了。」
- 「……」

生活中，常聽到家長這樣「誇」孩子，本來只需說聲「你能努力就太好了」、「自己的事情自己做」和「算錯了沒關係，重新來」就可以了，可是家長偏偏要語帶譏諷，把話說得尖酸刻薄。對此，有個父親直言不諱：自己的工作、生活壓力大，對孩子的教育很沒有耐心，挖苦孩子，也是讓自己壓抑的感情，得到發洩的途徑。

然而，這麼做的家長沒有意識到，這種嘲諷的話對孩子來說，就是一種人身攻擊。用這樣尖酸刻薄，甚至冷酷無情的語言來傷害孩子，它不是一種「惡毒的武器」是什麼？它傳達出的資訊就是對孩子不信任，對他的人格的侮辱。它就像一把利劍深深扎進孩子幼小的心靈裡。

的確，有些家長對孩子抱有極大的期望，他們望子成龍、望女成鳳的心十分迫切，每當孩子達不到他們的要求時，往往有恨鐵不成鋼的感覺，對孩子一味進行指責、謾罵，甚至嘲諷。家長以為這樣可以激發孩子向上的信心。其實不然，嘲諷只會使孩子的上進心、自尊心受到傷害，對孩子的精神健康造成無法挽回的嚴重損害。而且家長的嘲諷往往會使孩子變得感情冷漠，對家庭充滿厭惡與反感，進而引發孩子的反抗和報復心理，造成孩子和家長之間的感情障礙。

　　有一個母親去體檢，檢查出心臟有些問題。她憂心忡忡對丈夫說：「才三十多歲就得了心臟病，將來老了怎麼辦呢？」這時，她5歲的小女兒飛奔過來，兩隻小手環住媽媽的腰：「媽媽別怕，等妳老了，我就長大了，給妳做最好吃的飯，買最漂亮的衣服，請世界上最高明的醫生，把妳的病治好！」母親聽後卻訕笑道：「去旁邊！現在說得好聽，等到我真的又老又病了，你一定不會管我！」女兒的臉瞬間脹紅，低下頭嘟起嘴，母親卻依然只顧自己感慨：「現在的孩子，升學難，找工作難，買房難。只要她將來能夠養得了自己，不向爸媽討生活費已是謝天謝地了，哪裡還敢指望她」尷尬的女兒轉過身，委屈的眼淚不由自主奪眶而出。

　　有時，家長並不是有意傷害自己的孩子，但是在盛怒之下，嘲諷的語言就會脫口而出，事後家長也會忘得一乾二淨，他甚至不知道自己說了些什麼，自然也不清楚他這些嘲諷的話對孩子傷害有多深。他的所作所為，也許是一種習慣。可是孩子不會忘記家長對自己的嘲諷，有的嘲諷會還給孩子造成刻骨銘心的傷害，多少年以後，孩子還仍然記得家長所說的話。

　　蘇聯教育家馬卡連柯（Anton Makarenko）說過：「嘲諷，會使人失去自尊，沒有自信。孩子正處於培養自尊和自信的關鍵時期，家長在任何時候，都切忌嘲諷自己的孩子。」嘲諷會讓大人感覺沒有受到尊重，但大人有調整自己思想情緒的能力，即使聽到嘲笑的聲音很不舒服，但只要認為自己做的事是對的，也會堅持下去。而嘲諷對於孩子來說，帶來的負面影響要嚴重得多。不管是何種類型的嘲諷，如果孩子意識到大人是在取笑自己，就會手足無措，失去繼續做下去的勇氣，甚至出現畏縮倒退的心理，以至影響一生的健康成長。

　　一隻鴨子順著河流游著，牠一直在搜尋魚，但一整天都沒有找到一條魚。到了晚上，它見到水中彎彎的月亮，以為是一條魚，就潛到水中去

抓。其他的鴨子看到牠這樣，都一起嘲諷它，說牠「真了不起，能把月亮當魚吃了」。從那以後，這隻鴨子就感到害羞和膽怯起來，當它真正看到水裡的魚時，它也不肯去抓。就這樣，牠很快就餓死了。

與其說鴨子是因飢餓而死的，不如說牠是因被嘲諷而死的。這就是嘲諷帶來的後果，家長要十分警惕。

那麼，家長應如何才能避免嘲諷孩子的錯誤呢？

- **遵循孩子的成長規律，提出合理要求**：要使教育獲得成功，就要全面了解孩子身心發展的實際情況，遵循孩子生理和心理的發展規律。無論是讓孩子學做家事，還是讓孩子學習知識，都要從孩子身心發展的實際情況出發，遵循從簡到難的順序進行。
- **家長要控制情緒**：當孩子犯了錯或做出一些令家長難以接受的行為時，有些家長一時過於激動，控制不了自己的情緒，不聽孩子的解釋，就對孩子進行訓斥、嘲諷。所以，家長應學會控制自己的衝動。

嘲諷就像一堵牆，會成為家長和孩子之間無形的障礙，會造成家長和孩子的對抗。孩子可以接受家長的批評，但絕對接受不了家長的嘲諷，因為嘲諷對孩子心靈的傷害實在太大了。所以，家長在教育孩子時，一定要深思熟慮，千萬別對孩子說帶有嘲諷的話語。

▎冷靜對待叛逆的孩子

身為家長，或許都有這樣的感覺與切身體驗：隨著孩子一天天的長大，孩子變得越來越難管教 —— 一方面是他們心裡有什麼話不願跟家長說，另一方面是當他某些要求得不到滿足時，很容易與家長產生對立與牴觸情緒，也就是我們常說的「叛逆期」」。

我們不能單純說「叛逆期」一定是壞事，因為從一定意義上來說，叛逆是人適應外在環境，一種正常的心理機能，是一個人從幼稚走向成熟，從依賴走向獨立的必然過程。而從家庭教育的角度來說，孩子以反向的態度和行為來對待家長的勸導、說教，常常是基於自我與獨立意識的覺醒，以及自我保護的本能或探究未知事物的強烈欲望。所以，當中並不乏令我們欣喜的因素。但不可否認的是，叛逆期大都具有一定的危害，如果我們不能正視並積極化解，那麼很有可能造成孩子對人對事多疑、偏執，與家長、教師感情疏遠、關係僵化，甚至轉化成犯罪心理和病態心理。

當孩子出現叛逆時，家長應及時和孩子溝通，幫助孩子建立正確的生活觀念。不要對他的行為潑冷水，也不要採取強制的手段，要多給孩子一份愛心和寬容。

現在，讓我們來了解一下孩子叛逆期是怎樣產生的？

- **青春期心理、生理的影響**：青少年正處於人生的過渡期，獨立意識和自我意識日益增強，做事喜歡自作主張，不希望成年人干涉；他們渴望獨立，希望自己能像成年人一樣受到尊重；他們對家長和老師不再「唯命是從」，希望能擺脫成人的監護和束縛；他們反對成人把自己當作小孩，為了表現自己已經長大，對任何事情都有自己獨立的判斷。但是對於許多家長來說，在他們面前孩子永遠是孩子，所以，他們可能在有意無意中忽視了對孩子應有的尊重，而當他們 —— 我們的孩子感到外界無視自己獨立存在，自我表現欲望受到妨礙時，就有可能產生叛逆並運用各種方法和手段來表現自己的不滿情緒。

- **家庭環境的影響**：我們都知道家庭在孩子成長過程中的重要性：孩子在家庭中生活的時間很長 —— 約占其全部生活時間的三分之二。因此，作為他們第一位老師的家長對他們行為習慣，以及性格與思想的

形成，有不可忽視的巨大作用。但在現實生活中，現在孩子多是獨生子女，也因為受傳統文化的影響，大部分家長對孩子總是寄予太多也太大的希望，望子成龍、望女成鳳。家長們在對孩子的教育問題上，所提的要求往往很多，但教育子女的方式卻往往是專制與粗暴的，遠遠超出了孩子所能承受與容忍的程度，因此對孩子產生了巨大的壓力，使得他們很容易產生叛逆。此外，一些家長言行嚴重不一，像是要求孩子不要沉迷網路，可他們自己卻沉迷於麻將、聲色之中等，讓孩子不屑與反感，也是令孩子產生叛逆反的因素之一。

- 第三，同齡層的影響。青少年受同儕的影響最明顯，對同儕的依賴最明顯。這是因為青少年們不僅有共同的心理感受和需求，而且都有相近的愛好、興趣和共同的行為傾向，他們之間容易相互認同。比如在青少年學生中存在的出風頭、唱反調，就使一些本來正常的青少年，在心理上被潛移默化影響了，再加上青少年自身心理的不穩定和模仿性，容易形成叛逆心理。為此，青少年叛逆心理的形成中，同儕的影響是不可忽視的。

家長只有充分認識孩子叛逆期的原因後，才會懂得如何對孩子採取積極的教育方式：

- **保持自己頭腦冷靜**：孩子叛逆，家長一般會不滿，會用自己的權力來壓制孩子。其實，此時的家長應該提醒自己保持冷靜，等孩子冷靜下來再進行溝通。孩子叛逆時，言語和行為猶如暴風雨，不懂得控制自己。但家長是成年人，應該懂得何時該保持冷靜。

- **平等和孩子溝通**：許多時候，家長應站在第三者的立場分析孩子叛逆的原因。許多家長總覺得自己是對的，孩子應該聽家長的。但是，孩

子有自己的思維和處理問題的方式，所以家長應該放下架子，耐心傾聽孩子自己的想法，從感情上、從具體事情上與孩子達成一致，做一些適當的讓步。

- **反思自己的教育方式**：很多時候，家長應該脫離自己的角色，用第三者的角度觀察孩子叛逆的問題。也許就會發現，問題不一定都在孩子身上。家長一般都會認為自己是對的，自己從前都聽家長的，自己孩子也該聽自己的。因此孩子的不順從在他眼裡就成了叛逆。身為家長，有時必須謙卑，放棄自己的執著，從不同的角度看待孩子，了解孩子的真實想法。

- **委婉批評孩子**：有些家長看到孩子犯錯誤就一味批評，這樣會刺傷孩子的自尊心，使其產生叛逆心理。要是家長先對孩子的優點給予肯定和表揚，再指出不足和錯誤之處，孩子的自尊心得到了滿足，就會樂意接受和改正。

- **引導孩子理智化**：有些問題家長應對孩子進行有情、有理、有據的說服、勸導，尊重孩子的感情和人格，讓孩子自己去思考問題。同時用具體事例改變孩子太理想的想法，用自己的冷靜、理智換取孩子明智的選擇。

┃因材施教解決「問題」

現在的很多「問題」孩子，整日上網，成了網路成癮症；過早談戀愛；養成吸菸、喝酒等不良嗜好。

面對不同的「問題」孩子，家長需要採取不同的解決方法。

第八章　替「問題」孩子鬆綁

問：孩子網路成癮怎麼辦？

答：很多家長在解決孩子網路成癮時靠限制的辦法，這絕非明智之舉，因為這是頭痛醫頭、腳痛醫腳，實際上，解決問題的根本是孩子心態。當孩子沒有心理問題時，孩子的網路成癮自然就消失了。

第一，建立正確的上網態度。家長在孩子的「戒癮」過程中，扮演很重要的角色，必須打破原來一味打罵埋怨，或者放縱溺愛的做法。家長應該定期與孩子交流、創造有利於孩子成長的環境、滿足孩子正常的人際交往、遊戲等方面的需求。家長們要更新觀念，提高對網路時代的認識，不能因網咖出現了幾起不良事件就談網色變，不讓孩子上網。

第二，家長要掌握一定的心理學治療知識。很多家長面對有網癮的子女，往往只是苦口婆心地勸說、哭訴，最終又束手無策。正確的做法應該是面對，並結合孩子的實際情況，用適當方法改變現狀，引導孩子走出網路成癮。

第三，適時監督。家長要掌控孩子在家上網或去網咖的質、量、度，孩子自制力差，綜合判斷能力較弱，家長要適時提醒，適當督促孩子上網有度，並鄭重告訴孩子不要瀏覽色情網站。

第四，轉移注意力。可以帶孩子出去旅遊，既能開拓孩子的眼界，又能鍛鍊孩子的交際能力。

第五，創造濃厚的家庭讀書氛圍。一個沒有書籍、報紙、雜誌的家庭，等於一間沒有窗戶的房屋；隨著網路時代的到來，知識以前所未有的速度更新，家長在學校裡學到的知識會很快老化，如果不繼續學習，就難以擔負起教育孩子的重任。家長必須建立終身學習的觀念，不斷學習新知識，研究家庭教育中出現的新問題，才能牢牢掌握教育孩子的主動權。

問：孩子過早談戀愛怎麼辦？

答：面對孩子談戀愛，家長不必驚慌，要採取有效措施加以引導。

第一，讓孩子意識到太早談戀愛的危害，用理智戰勝不成熟的感情。戀愛最直接的危害是嚴重干擾學習。由於滿腦子想著自己喜歡的異性，因此，會使孩子沒有心思學習，上課注意力難以集中。由於沒有認真聽課，因此，學業成績就會越來越差。有關研究指出，在中學時代就談戀愛的學生，大多是學業荒廢、愛情失敗，甚至有的由「愛得深」變為「恨得深」。相反，那些把愛深深埋在心底，一心向學的青少年，多數不僅事業有成，而且能夠贏得愛神的青睞。

第二，家長應與孩子建立信任關係。如果發現孩子談戀愛，家長千萬不可以暴跳如雷，不要一味責怪孩子，那樣非但不能解決問題，還會適得其反，後果是非常嚴重的。因為在太早談戀愛的問題中，孩子是最關鍵、最核心的因素。家長應該冷靜接受現實、客觀面對，多和孩子溝通，讓孩子產生信任感，只有先取得孩子的信任，才具備解決問題的基礎。

第三，培養孩子的責任感。如果孩子太早戀愛，家長可以從責任心角度來教育，要他多替對方考慮，戀愛很可能給對方的情緒、生活帶來很大影響，甚至會影響到對方的前途。此外，還要教導他們多為家庭想想，身為家庭成員之一，也應該承擔一定的家庭責任。

第四，不可操之過急。戀愛涉及的是孩子的情感問題，要他們在短時間內把精力一下子完全轉移到學業上，也是不切實際的，因為那需要一個過程。

第五，鼓勵孩子勇敢地去面對現實，解決問題。面對太早戀愛的孩子，或許家長已經做了很多，但是，這些都是外在的因素。要幫助孩子真正解決問題，還需要家長相信孩子，鼓勵孩子去面對問題，去解決問題。

第八章　替「問題」孩子鬆綁

家長在做好以上幾方面的同時，還要給孩子留出足夠的時間和空間，讓他去思考、去面對、去解決，使他內在發生轉變，這部分在解決孩子的太早戀愛問題上有至關重要的作用。

問：孩子有不良嗜好怎麼辦？

答：如果家有吸菸、喝酒等不良嗜好的孩子，建議家長從以下幾方面著手：

第一，以身作則。良好的家庭風氣是無形的教育力量，家庭成員中沒有吸菸喝酒者是最理想的環境。家長要以身作則，不吸菸或喝酒。會吸菸、喝酒的家長除了不能姑息孩子吸菸、喝酒外，還要不給孩子提供吸菸、喝酒的機會。家長的很多行為都是在無意識的狀況下做出來的，但孩子會有意模仿。家長得過且過，那他們的孩子也會是得過且過，家長沒有追求，整日遊手好閒，那他們的孩子也好不到哪裡去。同理，如果家長一方面教育孩子改掉不良嗜好，一方面自己又沉溺其中，就很難引導孩子正確的方向。

第二，態度明確。家長要反省自己在制止孩子吸菸、喝酒問題上的方法是否適當，態度是否堅決等。家長首先要對制止孩子吸菸、喝酒有明確的態度。態度決定事情的成敗。然後要耐心與孩子交流，指出吸菸、喝酒的壞處。

第三，正面教育。家長要向孩子說明吸菸、喝酒的危害。家長只有讓孩子認識到吸菸、喝酒的壞處，他們才能自覺克服吸菸、喝酒的壞習慣。

第四，轉移注意力。幫助孩子將注意力集中在學習上，這是糾正吸菸、喝酒壞習慣的基礎。大量範例證明，孩子開始染上吸菸、喝酒行為時，也正是失去學習興趣之時，絕大多數吸菸的孩子都是學業不好的學

生。因此家長要引導孩子走上學習的正確道路，經常尋問和輔導他們的學習，及時鼓勵孩子學習上的每一點進步，使孩子將主要精力和時間用在學習上，這將有助於他們戒掉吸菸、喝酒的惡習。

面對「問題孩子」，家長曾經為他們的調皮搖頭，曾經為他們的墮落惋惜，曾經為他們的冷漠寒心，曾經為他們的殘忍憤怒……

自私、冷漠、殘忍、頹廢、脆弱……當人們痛心疾首用這樣的詞語來形容「問題孩子」的時候，似乎已經忘記了「人之初，性本善」。在這個社會中，為什麼還有人依靠坑蒙拐騙賺錢？為什麼還有人漠視他人的寶貴生命？為什麼還有人流連忘返於聲色場所……家長在指責「問題孩子」的同時，也許更需要深刻的自我反省。

與其為孩子披荊斬棘，不如教會他生存能力：

啟蒙教育、小天才計畫、花式才藝班……整天望子成龍，小心龍會變成蟲！

編　　著：孫桂菲，欣悅

發 行 人：黃振庭

出 版 者：崧燁文化事業有限公司

發 行 者：崧燁文化事業有限公司

E-mail：sonbookservice@gmail.com

粉 絲 頁：https://www.facebook.com/
　　　　　sonbookss/

網　　址：https://sonbook.net/

地　　址：台北市中正區重慶南路一段六十一號八
　　　　　樓 815 室

Rm. 815, 8F., No.61, Sec. 1, Chongqing S. Rd.,
Zhongzheng Dist., Taipei City 100, Taiwan

電　　話：(02)2370-3310

傳　　真：(02)2388-1990

印　　刷：京峯彩色印刷有限公司（京峰數位）

律師顧問：廣華律師事務所 張珮琦律師

定　　價：320 元

發行日期：2023 年 01 月第一版

◎本書以 POD 印製

國家圖書館出版品預行編目資料

與其為孩子披荊斬棘，不如教會他
生存能力：啟蒙教育、小天才計畫、
花式才藝班……整天望子成龍，小
心龍會變成蟲！ / 孫桂菲，欣悅編
著 . -- 第一版 . -- 臺北市：崧燁文
化事業有限公司 , 2023.01
面；　公分
POD 版
ISBN 978-626-332-916-4(平裝)
1.CST: 親職教育 2.CST: 子女教育
528.2　　111018643

電子書購買

臉書